WLADIMIR LINDENBERG
DIE HEILIGE IKONE

WLADIMIR LINDENBERG

DIE HEILIGE IKONE
VOM WESEN CHRISTLICHER URBILDER IM ALTEN RUSSLAND

Mit einem Beitrag von Wolfgang Kasack
Bilderläuterungen von Johannes Lenz

URACHHAUS

CIP-Kurztitelaufnahme der Deutschen Bibliothek

Lindenberg, Wladimir:
Die heilige Ikone : vom Wesen christl. Urbilder
im alten Russland / Wladimir Lindenberg.
Mit e. Beitr. von Wolfgang Kasack. Bilderl. von Johannes Lenz. –
Stuttgart : Urachhaus, 1987.
ISBN 3-87838-544-7

ISBN 3 87838 544 7
© 1987 Verlag Urachhaus Johannes M. Mayer GmbH, Stuttgart.
Alle Rechte, auch die des auszugsweisen Nachdrucks und der photomechanischen
Wiedergabe, vorbehalten. Umschlaggestaltung Bruno Schachtner, Dachau.
Satz und Druck der Offizin Chr. Scheufele, Stuttgart.
Typographie Peter Keidel, Stuttgart.

INHALT

Die Katakomben 9
Konstantin der Große 12
Die Mumienporträts von Fayum 13
Das Edikt des Kaisers Theodosius 14
Die ersten Ikonen 49
Der Ikonenkult im Westen 51
Die russisch-orthodoxe Kirche 52
Der östliche Christ 54
Die Malermönche 57
Inhalt und Symbol der Ikone 62
Die Beziehung des Menschen zur Ikone 66

Wolfgang Kasack
Russische Geistigkeit im deutschen Raum –
die Ikone bei Wladimir Lindenberg 73

»Das Bild aber, voll Gnade, läßt den Christen teilhaftig werden an der Heiligkeit des Urbildes und wird selbst zum Mysterium. Es ist Abbild des Unsichtbaren und vermag durch die Betrachtung des Sichtbaren zu göttlicher Schau emporzutragen.«

DIONYSIOS AREOPAGITA

DIE KATAKOMBEN

Als nach dem Edikt des Kaisers Konstantin des Großen im Jahre 313 die Verfolgung der Christen ein Ende nahm und ihnen freie Religionsausübung zuerkannt wurde, gab es unter den Menschen ein Aufatmen. Jetzt durften sie ihre schöpferischen Kräfte in aller Öffentlichkeit entfalten. Alles, was nach dem Erleben der neuen »Wirklichkeit« in ihnen nach Ausdruck verlangte, offenbarte sich nun in ihrer Kunst auch nach außen hin. Kirchen und Kapellen wurden errichtet. Einen ganz besonderen Eindruck aber von den Empfindungen der Menschen jener Zeit und von der Entfaltung frühchristlicher Malerei vermitteln die Katakomben.

Bevor das Christentum zur Staatsreligion erhoben wurde, waren die Katakomben die Zufluchtsstätte der Verfolgten gewesen. Hier versammelten sie sich in den Nächten zu gemeinsamem Gebet und zu Totenfeiern an den Gräbern ihrer Verstorbenen. Wie viele von ihnen waren auf grausame Weise getötet worden, in heißem Öl gesiedet, ans Kreuz geschlagen, von wilden Tieren zerrissen! Diese Märtyrer waren die ersten Zeugen und Bekenner, die das Kreuz Christi auf sich genommen hatten und selbst durch fürchterliche Qualen und Leiden zu Tode gekommen waren. Sie waren die großen Vorbilder für die junge Christenheit; an ihren Gräbern versammelte man sich, verharrte im Gebet, brach das Brot und trank den Wein in feierlichen Handlungen. Was dort in den Katakomben geschah, war der Anfang eines christlichen sakramentalen Lebens.

So war dies auch eine Zeit der tief erlebten Freude, der Begeisterung, der Hingabe, des Gebetes und der Meditation. Und wenn die Heiden diesen Christen begegneten, von ihnen immer ein freundliches Wort, einen Segenswunsch erhielten und in der Not Samariterhilfe erfuhren, fragten sie sich: Aus welchen Quellen leben diese Menschen, daß sie so anders sind als wir? In vielen von ihnen entstand dann die Sehnsucht, auch so zu werden und den Christen zu folgen. So ist es erstaunlich zu erleben, wie nicht nur durch die Predigten der Apostel, sondern auch durch die Ausstrahlung derer, die sich zum Christentum, zu Christus bekannten, eine Wandlung in der Menschheit vor sich ging, eine Spiritualisierung, eine Heiligung, so daß die Menschen aufmerkten und etwas von der neuen Kraft spürten, derer sie ebenfalls teilhaftig werden wollten.

So war es nicht verwunderlich, daß trotz aller Verfolgungen und Folterungen die Zahl der Christen immer weiter anstieg. Viele der zunächst lüsternen Zuschauer bei jenen grausamen Volksbelustigungen, wo die Christen in den Arenen vor aller Augen auf glühende Roste gelegt oder von wilden Tieren zerrissen wurden, hatten bei diesem Anblick plötzlich ganz unerwartete Empfindungen. Sie sahen mit wachsender Bewunderung, mit welchem Gleichmut, mit welchem Stolz, mit welch innerem Strahlen die Christen in den Tod gingen, wie sie Gott dabei priesen, voneinander Abschied nahmen und sich gegenseitig ermunterten, froh und glücklich von hinnen zu scheiden. Das bewirkte in vielen Zuschauern ein Nachdenken, eine ungeahnte Achtung, und sie sagten sich: Wenn diese Menschen im Leben und im Sterben eine solch ungeheure Kraft in sich tragen, wenn sie im Augenblick ihres qualvollen Todes so gelassen und froh sind, was muß das für ein Gott sein, der dies bewirkt! So war es kein Wunder, daß auch nach solchen Vorführungen die Zahl der Christen weiter wuchs.

Im Neuen Testament wird die frohe Botschaft, die die Christen so erfüllte, immer wieder ausgesprochen:

»Was von Anfang an war, was wir gehört, was wir mit unsern Augen gesehen, was wir geschaut und was unsre Hände betastet haben in bezug auf das Wort des Lebens – 2 und das Leben ist erschienen, und wir haben es gesehen und bezeugen und verkündigen euch das ewige Leben, das beim Vater war und uns erschienen ist – 3 was wir gesehen und gehört haben, verkündigen wir auch euch, damit auch ihr Gemeinschaft mit uns habt; unsre Gemeinschaft besteht aber auch mit dem Vater und mit seinem Sohne Jesus Christus. 4 Und dies schreiben wir, damit unsre Freude vollkommen sei. 5 Und dies ist die Botschaft, die wir von ihm gehört haben und euch verkündigen, daß Gott Licht ist und keine Finsternis in ihm ist. 6 Wenn wir sagen, daß wir Gemeinschaft mit ihm haben, und [dabei doch] in der Finsternis wandeln, lügen wir und tun nicht die Wahrheit. 7 Wenn wir aber im Lichte wandeln, wie er im Lichte ist, haben wir Gemeinschaft miteinander, und das Blut Jesu, seines Sohnes, reinigt uns von aller Sünde. 8 Wenn wir sagen, daß wir keine Sünde haben, führen wir uns selbst irre, und die Wahrheit ist nicht in uns. 9 Wenn wir unsre Sünden bekennen, ist er treu und gerecht, so daß er uns die Sünden vergibt und uns von aller Ungerechtigkeit reinigt. 10 Wenn wir sagen, daß wir nicht gesündigt haben, machen wir ihn zum Lügner, und sein Wort ist nicht in uns« (1.Joh.).

Die Katakomben sind Zeugen dieses Lebens im frühen Christentum, das von solch tiefer Glaubenskraft getragen war. Was hier im Verborgenen geschah, läßt sich nur erahnen.

Die Katakomben sind aber nicht nur dunkel, nicht nur schwarz. Mitten in der Finsternis sind sie voller Bilder, aufleuchtend im Schein der Fackel in ihrer ganzen Farbenkraft. Diese ersten frühchristlichen Malereien sind von einer starken inneren Geistigkeit und strengen Herbheit. Ganz deutlich zeigt sich, daß die Menschen noch in den heidnischen Strömungen lebten und noch ganz durchdrungen waren von einem kosmischen Element. Der Übergang, den sie vom Heidentum zum Christentum innerlich vollzogen, wird an den Bildern deutlich. Gerade die Menschen, welche die ahnungsvollen Inhalte der vorchristlichen Symbole am tiefsten verstanden, nahmen die neuen Kräfte als Erfüllung am innigsten wahr.

Es sind keine Andachtsbilder, die hier an den Wänden zu sehen sind. Es sind zunächst vor allem Symbole, in Bilder gefaßt. So findet sich immer wieder der Fisch. Er war in der Zeit der Verfolgung das Symbol des Christentums. Das Zeitalter stand im Tierkreiszeichen der Fische, Christus war ein Fischer, und seine Jünger folgten ihm. Eines der größten Geheimnisse war die Vermehrung der Fische bei der Speisung der Fünftausend. Das griechische Wort »Ichthys« (Fisch) ist aus den ersten Buchstaben der Namen Christi zusammengesetzt: Jesus Christus Sohn Gottes Heiland (Iisus Christos Theou Hyos Soter).

Auf manchen Darstellungen trägt der Fisch einen Korb mit fünf Broten, in die das Kreuzeszeichen eingedrückt ist, womit auf das Wort »Ich bin das Brot des Lebens« hingewiesen wird. Der Fisch, der den Korb mit den Broten trägt, repräsentiert aber auch die christliche Kirche. Er erinnert an das eucharistische Gebet aus frühester Zeit:

»Wir sagen Dir Dank, unser Vater für das Leben und die Erkenntnis, die Du uns offenbart hast durch Jesus, Deinen Sohn. Dir die Ehre in aller Ewigkeit! Wie dieses auseinandergebrochene Brot einstens in den Weizenkörnern über die Berge hin verstreut war und zusammengebracht wurde zum einheitlichen Ganzen, so möge Deine Kirche von den Enden der Erde zusammengebracht werden zu Deinem Reich; denn Dein ist die Herrlichkeit und die Macht durch Jesus Christus.«

Die Kraft des »Fisches« zu erlangen, war die große Sehnsucht der ersten Christen. Im Sakrament wurde man dieser Kraft teilhaftig in Gestalt von Brot und Wein. Hingabe und Opferbereitschaft erfüllte die Menschen. So heißt es in einem anderen Gebet:

»O, göttlicher Sproß vom himmlischen Ichthys! Empfange mit einem Herzen voller Ehrfurcht das Leben der Unsterblichkeit inmitten der Sterblichen. Verjünge Deine Seele, o mein Freund, in den göttlichen Gewässern mit den ewigen Strömen der Weisheit, die wahren Reichtum spendet. Empfange die leibliche Speise des Erlösers der Heiligen, iß, trink und halten den Fisch in deinen Händen.«

Als weitere Symbole finden wir Früchte, die das christliche Leben in unserer Seele reifen läßt. Der Lebensbaum zeigt an, daß der Mensch durch seine Verbindung zu Christus das Paradies wiederfinden kann. Die Taube mit dem Ölbaumzweig ist die Bringerin des Friedens.

Wir begegnen keinen Kreuzigungsszenen. Wir sehen den Guten Hirten mit dem Lamm über der Schulter oder das Lamm, das als Bild für den Christus steht. Wir sehen aber auch Apollo, den Sonnengott, auf dem Streitwagen, gezogen von feurigen Rossen. Apollo – Christus: der christlichen Seele ist es aufgegeben, ihre feurigen Triebe zu zügeln. Christus – Orpheus begegnen wir, dem Bezwinger der Unterwelt, dem alle Kreaturen demütig folgen. Es wird auch keine Auferstehung dargestellt, aber als Bild dafür sehen wir die Auferweckung des Lazarus, das Opfer Isaaks, die drei Männer im Feuerofen, Daniel in der Löwengrube oder Jonas, dem Maul des Walfisches entsteigend. Alle diese Bilder sind symbolhaft aufzufassen. Sie sprechen dem Gläubigen von der Kraft, die es ermöglicht, die Materie zu überwinden, und von der Auferstehung im Geiste.

Bunte Schmetterlinge schwirren umher, Symbol der Verwandlung aus Raupe und Puppe zum luftigen, geistigen Wesen. Moses schlägt mit seinem Stab eine Quelle aus dem Fels und weist damit auf die lebendigmachende Kraft des Glaubens an Christus. Auch Christus selbst wird häufig mit dem Magierstab dargestellt wie ein ägyptischer oder griechischer Hierophant. Darin zeigt sich wieder jener sakramentale Strom, der aus der Vorzeit in das Christentum hineinreicht und nun den Christus überhöht in seiner priesterlichen Vollmacht. Aber auch die Verstorbenen sind in der Katabombenmalerei dargestellt. Wir sehen Frauen, Männer, Jünglinge und Jungfrauen mit andächtig erhobenen Armen. Die Orantengebärde bedeutet hier sicher nicht nur, daß es sich um Betende handelt. Die nach oben erhobenen Arme deuten vielmehr auf die jenseitige Welt. Es ist gleichzeitig eine Geste der Todesüberwindung und des Segnens. So wurden die Märtyrer empfunden: Sie vermögen den Segen und die Kraft des Christus durch sich hindurch zu den Erdenmenschen strömen zu lassen. In diesem Motiv der durchdringenden Kraft liegt sicher eine Verwandtschaft zur Ikone.

KONSTANTIN DER GROSSE

Konstantin der Große, der den Christenverfolgungen ein Ende bereitete, war 274 geboren und 306 zum Imperator gewählt worden. Seine plötzliche Hinwendung zum Christentum erklärt man sich mit dem Feldzug nach Rom, den er im Herbst 312 durchführte. Vor der berühmten Schlacht an der Milvischen Brücke, aus der er als Sieger hervorging, soll er eine Vision gehabt haben. Ihm erschien das Monogramm Christi – Chi und Rho – gegeneinandergestellt, und eine Stimme verhieß ihm: »In diesem Zeichen wirst du siegen!«

Tief beeindruckt ließ er daraufhin auf die Schilde seiner Legionäre dieses Monogramm malen in dem Bewußtsein, daß es sich um die Initialen Christi handelte. Im gleichen Jahr ließ er durch das Mailänder Edikt die Christenverfolgungen stoppen und verhalf der christlichen Kirche zur Anerkennung in der ganzen Welt.

Der große Umschwung, der sich durch Konstantin in der Geschichte des Christentums vollzog, hatte aber auch seine Nachteile. Die tiefe, unmittelbare Beziehung der Menschen zu Christus, die noch ganz durchdrungen war von dem Wissen um die Allgegenwart des Auferstandenen, wurde nun durch kirchliche Dogmen festgelegt. Eine gewisse Verflachung, ein Materialismus mußte die Folge sein, die der tiefen Seelenhaltung der verfolgten Christen immer weniger verwandt war.

325 berief Konstantin das Konzil zu Nicäa ein, weil zunehmend Streitereien innerhalb der christlichen Lehre aufkamen. Er hielt es für erforderlich, eine Einheit des Glaubens, des Rituals und der Dogmen zu schaffen. Der Kaiser selbst saß diesem Konzil vor und drückte ihm den Stempel seiner Persönlichkeit und seiner Gesinnung auf. Es wurde das nicäische Glaubensbekenntnis postuliert, das für alle Christen der Welt bindend war und das gleichzeitig bereits ein Dogma war, das Dogma von der Wesensgleichheit der Heiligen Dreifaltigkeit. Der Arianismus, der Christus als nicht wesensgleich mit dem Vater-Gott, sondern aus ihm hervorgegangen ansah, wurde als Ketzerei verurteilt.

Konstantin förderte nun in der Folgezeit den Kirchenbau und verlegte 330 als Zeichen des Neubeginns seine Residenz nach Konstantinopel. Es wurde rasch zu einer Stadt, die nirgends ihresgleichen hatte.

Im Osten fiel die Saat des Christentums auf fruchtbaren Boden, weil die Menschen seit langem gewohnt waren, sich mit religiösen und philosophischen Fragen zu befassen und geistig auf die neue Botschaft vorbereitet waren.
Mit der Errichtung der christlichen Kirchen begann auch deren Ausschmückung mit Malereien, mit Mosaiken und in der östlichen Kirche mit Ikonen.

DIE MUMIENPORTRÄTS VON FAYUM

Auf der Suche nach Ursprung und Herkunft der Ikone ergibt sich eine erstaunliche Verbindung. Gegen Ende des vorigen Jahrhunderts stieß man bei Ausgrabungen in Fayum in Ägypten auf eine ganze Reihe von Holzplättchen, die in der Größe des menschlichen Gesichtes Porträts trugen. Die Farben waren großartig erhalten und hatten eine starke Leuchtkraft. Es stellte sich heraus, daß die Porträts Mumien zugeordnet waren. Sie wurden in die Gesichtsöffnungen der Mumien eingepaßt und haben sich im trockenen Wüstensand vorzüglich erhalten.
Diese christlichen Bildnisse stammen aus der Zeit zwischen dem 1. und 5. Jahrhundert, als diese Gegend von Griechen und Römern besiedelt war. Die Toten sind idealisiert dargestellt. Sie haben große, sprechende, verzückte Augen. Ihr Blick geht in die Unendlichkeit, sie scheinen gleichsam innerlich erleuchtet von der ganzen Welt. Diese Verklärtheit ist sehr augenfällig. Die Köpfe sind ganz naturalistisch, geziert mit gekräuselten Frisuren; die Menschen tragen Hals- und Fingerschmuck. Doch der Ausdruck des Gesichtes ist erhaben, dem Diesseits entrückt. Man erkennt, daß es sich um die Darstellung von Verstorbenen handelt, die alle irdischen Lasten abgeworfen haben und bereits im Himmel weilen. Es ist wirklich ein Ikon, das transsubstantiierte Bild eines Menschen. Ganz christlich ist diese sprechende Gewißheit von der Existenz einer anderen, beglückenden Welt. Dieses Geschenk Christi erleben wir in den frühen Mumienbildnissen.
Nicht nur von ihrem Ausdruck, sondern auch von der Maltechnik her weisen die Mumienbildnisse eine Verbindung zu den Ikonen auf.
Die Brettchen, die das Gesicht der Mumie verdeckten, waren aus dünnem, harten Zypressenholz. Sie wurden geglättet, poliert, dann entweder mit Leinen überklebt und mit Gips bedeckt oder nur mit Gips bedeckt und nach dem Trocknen übermalt, und zwar mit Wachsfarben. Das Wachs wurde erhitzt und geschleudert, sodann wurden ihm pulverisierte organische Farbstoffe beigemischt. Das ergab eine durchsichtige, glänzende Farbe. Man konnte die Farben nicht miteinander mischen, aber man setzte sie so dicht nebeneinander, daß schöne Effekte erzielt wurden.
Auch die Bildnisse von den Ahnen, die im Atrium der römischen Privathäuser standen, waren mit Wachsfarben hergestellt. Die Menschen, die das Haus betraten, verneigten sich vor den Ahnen, brachten ihnen Blumen, gossen Wein vor ihnen aus oder entzündeten Weihrauch.

DAS EDIKT DES KAISERS THEODOSIUS

Die heidnische Kultur war eine Kultur der Bilder und Bildwerke gewesen, und die Bilderverehrung wurde in das Christentum übernommen, obwohl für viele das Bilderverbot des mosaischen Gesetzes ein Problem war. Paulus aber hatte sich mit der Auffassung durchgesetzt, daß das mosaische Gesetz durch Christus ein für allemal erfüllt sei. Dadurch stand für das Christentum der Weg in die heidnisch-antike Bilderwelt offen. Die Malereien in den Katakomben beweisen, daß es möglich war, die heidnischen Motive in die christliche Vorstellung aufzunehmen.

Dem ganzen heidnischen Bilderkult jener Zeit wurde ein Ende gesetzt durch das Edikt des Kaisers Theodosius im Jahre 392, das jede nichtchristliche Verehrung von Ahne, Göttern oder Genien verbot.

»Niemand, wes Alters und wes Standes er auch sei, solle, wo auch immer, ein unschuldiges Tier als Opfer darbringen oder sündhafte Mysterien seinen Laren durch Feuer, das er ihnen entzündet, seinem Genius mit ungemischtem Wein, seinen Penaten durch duftende Spezereien Verehrung darbringen, Lichter und Weihrauch entzünden oder zusammengeflochtene Blumen aufhängen, wer dagegen und gegen anderes verstößt, dessen Haus oder Eigentum werde zur Strafe konfisziert.«

Theodosius und die Kirche hatten nicht die Größe, die Welt als solche als eine Ganzheit zu betrachten und die anderen Religionen gleichermaßen zu achten. Sie griffen vielmehr zu dem barbarischen Mittel, alles zu zerstören. Waren bis vor kurzem die Angehörigen der christlichen Kirche die Verfolgten, die Gejagten und Gepeinigten gewesen, so waren es jetzt die Angehörigen der nichtchristlichen Religionen.

Äußerlich kam freilich hinzu, daß die Völkerwanderung einsetzte, die Theodosius aufzuhalten versuchte. Er wollte im Inneren seines Reiches die Kirche stärken. Schon 380 hatte er ein Edikt erlassen, das von »allen Völkern« die Annahme des neuen Glaubens forderte, bei Androhung von Strafe. Konstantinopel war der Ausgangspunkt einer zielbewußten Religionspolitik. Während Rom von den Ereignissen der Völkerwanderung schwer getroffen wurde, blieb das oströmische Kaiserreich noch lange davor bewahrt.

Für das Ostreich hatten Bilder immer schon eine große Bedeutung gehabt. Während im Westen der Streit um die Frage, ob das Bild im christlichen Kultus seinen Platz haben dürfte, immer weiter schwelte, bestand im Osten ein ganz anderes Bewußtsein dafür. Hier glaubte man, daß das »Wort« im Bild sichtbar werden kann und daß durch das Bild die tiefsten Mysterien erfahren werden können. Das Bild war für die Gläubigen ein Vermittler von Inspirationen. Es war Urbild und Abbild zugleich.

Zudem waren im Osten inzwischen bedeutende Persönlichkeiten aufgetreten, die dem Christentum innere Stärke verliehen. Seit dem 4. Jahrhundert hatten dort die drei großen »Kappadozier«, Basilius von Cäsarea (um 330–379), Gregor von Nazianz (330–390) und Gregor von Nyssa (um 335–394) bedeutende Schulen um sich versammelt. Ihre Ideen und Gedanken zur Trinitätslehre waren von weitreichender Bedeutung. Gregor von Nazianz wurde schließlich auch zum Metropoliten von Konstantinopel ernannt.

Nun entstanden auch die reichen Liturgien des Ostens. In Wort, Gebärde, Weihrauchberäucherung, Besprengung mit geweihtem Wasser, Gesang, Weihe der Gaben und Darreichung der heiligen Sakramente wird das Drama der Menschwerdung, der Lehre, des Opfers, der Auferstehung und der Himmelfahrt des Erlösers zelebriert. Das ganze heilige Mysterium ist in ein Symbol gekleidet. Der Priester mit den Diakonen ist der Vollzieher, der Chor repräsentiert den Chor der Seraphim und Cherubim, und die Betenden sind die Gemeinde Christi. In jeder Messe wiederholt sich, gewissermaßen in Hieroglyphen umgesetzt, die Lebens-, Leidens- und Verherrlichungsgeschichte Christi. Überall entstanden nun Kirchen und Kapellen, Klöster wurden gegründet. Die Mönche lebten in Askese in der fröhlichen Beschränkung ihrer Bedürfnisse, sie lebten im Gebet, in der Liturgie. Einige, die besonders begabt waren, malten Ikonen, andere waren Kirchenbauer, wieder andere schrieben die Evangelien ab oder die Lebensgeschichte von Heiligen. Von den Klöstern ging ein Strom christlicher Kultur in die Welt.

Die Kirchen und Kapellen wurden wunderbar ausgeschmückt, die Wände bemalt oder mit Mosaiken ausgelegt, die in den herrlichsten Farben leuchteten.

Literarisch werden die Ikonen etwa seit dem 4. Jahrhundert erwähnt. Daß keine von diesen frühesten Bildnissen erhalten sind, hängt mit einem einschneidenden Ereignis zusammen.

Immer wieder hatte es Spannungen zwischen Rom und Konstantinopel gegeben, wobei die Frage der bildnerischen Darstellung Christi eine große Rolle spielte.

Für eine wahre Bilderflut sorgte vor allem das aufkommende Pilgerwesen. Im vierten Jahrhundert begannen die Christen zu den Stätten des Lebens und der Lehren Christi, der Predigten der Apostel und der Heiligen und Märtyrer zu pilgern. Diese Stätten, wo vielfach die Gebeine der Märtyrer und Heiligen ruhten, hatten für die Christen eine strahlende, heilende Kraft. Hier war noch die konzentrierte Geistigkeit des frühen Christentums erfahrbar. Die Menschen nahmen geweihtes Wasser, oft auch Teile von leiblichen Reliquien oder Stoffe von Kleidungsstücken mit und verehrten sie wegen ihrer heilspendenden Kraft. Sie erwarben an den heiligen Stätten Münzen, Medaillons oder kleine Amphiolen, die mit geweihtem Wasser gefüllt waren, und trugen ihre Schätze ehrfürchtig nach Hause. Kaiser Leon III. (717–741) war ein Herrscher auf dem byzantinischen Thron, der die bildliche Darstellung heiliger Personen entschieden ablehnte. Ursprünglich wollte er nur gegen den kultischen Mißbrauch der Bilder vorgehen. Als seine Verbote aber nicht fruchteten, ließ er die Bilder zerstören. Damit begann der große, viele Jahrzehnte dauernde Bildersturm. Johannes von Damaskus (670–750) war es, der Schriften zur Verteidigung der christlichen Bilder schrieb und damit der Bilderverehrung im byzantinischen Reich viel geholfen hat. Auch Theodor Studites war ein mutiger Kämpfer gegen die Bilderstürmer. Er schrieb 826:

»Wenn das, was wegen seiner Abwesenheit nur geistig geschaut werden kann, nicht auch in bildlicher Darstellung geschaut werden kann, verschließt es sich auch dem geistigen Blick.«

Kaiser Konstantin (741–775) ging noch viel härter gegen die Bilderverehrer vor: Seine Soldaten zerstörten Statuen, kratzten die Mosaiken von den Wänden   (Fortsetzung S. 49)

DAS ENTSCHLAFEN DER MARIA

russisch (Pskover Schule?), um 1300, 92 × 69 cm
Ikonenmuseum Recklinghausen

Das Motiv des Entschlafens (Koimesis) der Maria taucht nach dem Konzil zu Ephesus 431 auf. Das früheste ostkirchliche Denkmal ist das Relief an der Boineskatanakschi-Kirche zu Georgien im 6. Jahrhundert. Das Thema zur Festtagsreihe der Ikonastase. Die Gottesmutter Maria ist gestorben. Sie liegt aufgebahrt auf rotem Kissen und grünem Bahrtuch – den Farben der Osterlithurgie. Ihre Hände sind gekreuzt, die Augen zum Schauen geöffnet. Zu den Häupten und Füßen ist je eine Gruppe von sechs Jüngern und Aposteln, die mit verhüllten Händen in Anbetung begriffen sind oder mit dem Weihrauchgefäß die Räucherung zur Aussegnung des heiligen Leichnams vollziehen. Im Hintergrund sind Bischöfe zugegen, nach dem Malhandbuch vom Athos (Kap. 394) Dionysius der Areopagite und Thimoteus, die das Evangelienbuch in Händen halten. Hinter der Bahre taucht für den schauenden Blick der Maria, aber auch für den Betrachter, senkrecht stehend der Auferstandene auf in einer aus Feuer des Geistes gebildeten Mandorla. Zu beiden Seiten brennen je drei Kerzen auf einem Leuchter. Er ist wieder der Himmelfahrt gemäß rot-gold gewandet. Auf seiner Linken trägt er empfangend die ewige Seele der Maria, die weißgewandet wie ein neugeborenes Kind soeben ihre Ankunft in der geistigen Welt durchlebt. Vier Engel mit verhüllten Händen – das Zeichen der Anbetung – sind dem Auferstandenen zugeneigt, ein sechsfach geflügelter Seraph bildet mit ihnen gemeinsam den Übergang von der Mandorla Jesu Christi zur Welt des Vaters, dem Goldgrund der Welt. Im Vordergrund ist die kleine Szene des Juden Jephonias dargestellt, der sich an der Grablegung zu vergreifen sucht. Der Erzengel Michael ist vom Himmel heruntergefahren und hat das Schwert erhoben, um ihm die Hände abzuschlagen. Diese Szene wird auf fast allen Koimesis-Ikonen dargestellt.

1 DAS ENTSCHLAFEN DER MARIA

GOTTESMUTTER VON WLADIMIR
russisch (Moskauer Schule), 15. Jahrhundert, 53,5 × 43 cm
Ikonenmuseum Recklinghausen

Der Legende nach wird die Ur-Wladimirskaja dem Evangelisten Lukas zugeschrieben und soll 450 von Jerusalem nach Konstantinopel gebracht worden sein, wo sie vom Patriarchen dem Fürsten Jurij Dolgorukij geschenkt wurde. Die Befreiung Moskaus 1395 von Tamelan sowie 1480 und 1521 vor der Gefahr der Tataren wird der Wirksamkeit des heiligen Bildes zugeschrieben. Das heilige Bild blieb in Moskau und hing bis zur Oktoberrevolution in der Uspenskij-Kathedrale des Kreml, der Krönungskirche des Zaren. Heute ist es in der Tretjakov-Galerie in Moskau zu sehen. Es gilt als das Palladium Rußlands.

Die Gottesmutter hat ihr Haupt leicht nach links geneigt und berührt mit ihrer rechten Wange das göttliche Kind an der linken Wange. Das Christuskind hat seinen linken Arm um den Hals der Mutter geschlungen, so daß die Fingerspitzen am Hals unter dem Maphorion zu sehen sind. Die rechte Hand des Kindes ist zur linken Schulter der Heiligen Jungfrau ausgestreckt. Mit ihrer Linken zeigt die Gottesmutter in Hodigitrienhaltung auf das Kind. Sie weist damit dem Betrachter den rechten Weg, das Motiv geht auf einen liturgischen Text zurück, wo es heißt: »Sei gegrüßt, die du den in Finsternis Wandelnden den Weg zeigst.« Das rechte Bein des Knaben ist schräg nach unten ausgestreckt, das linke unter das rechte geschlagen, so daß die Fußsohle zu sehen ist. Eine breite goldene Bordüre umsäumt das dunkelkirschrote Maphorion der Gottesmutter, ganz zart ist am Stirn- und am Schulterteil der Gottesmutterstern eingestickt zu sehen, der auf den altorientalischen Jungfrauenstern, die Spika, zurückzuführen ist. Das Gewand des Jesuskindes weist durch die goldrote Färbung liturgisch auf die spätere Himmelfahrt des Herrn hin.

2 GOTTESMUTTER VON WLADIMIR

NIKOLAUS
russisch (Novgoroder Schule), 15. Jahrhundert, 92 × 70,5 cm
Ikonenmuseum Recklinghausen

Nikolaus ist in der Bildmitte auf rot-grünem Grund dargestellt, er trägt die weiße Alba, eine mit Kreuzen versehene Kasual, die priesterliche Stola um die Schulter. In der Rechten, auf erhöhter Hand das Evangelium, die Linke ist segnend dem Betrachter zugewandt. Zu seinen Häuptern sind links Maria, die Gottesmutter, und Jesus Christus, der Sohn, in Medaillons zu sehen. Christi Gestalt in der Bildmitte ist umgeben von zwei mal sieben Darstellungen aus seinem Leben, Brandbilder (Klejma) – von denen nur die Szene oben rechts benannt sein soll, wo die Mutter zur Geburt darniederliegt, die Amme das neugeborene Kind badet, der Säugling schon zwei Stunden nach seiner Geburt aufrecht steht. Auf der linken Seite das zweite Brandbild von unten stellt ihn in der berühmten Szene dar, wie er zwei Menschen im Boot, die in der Gefahr des Schiffbruches sind, helfend beisteht. Nikolaus wurde der Heilige der Schiffbrüchigen. Sein Gedenktag ist der 6. Dezember.

3 NIKOLAUS

DIE AUFERSTEHUNG CHRISTI – HÖLLENFAHRT
russisch, 1. Hälfte 16. Jahrhundert, 131 × 104,2 cm
Ikonenmuseum Recklinghausen

Die Ostkirche stellt auf den Ikonen die Auferstehung Jesu Christi – Anastasis – nicht unmittelbar dar. Sein Herabsteigen in die Unterwelt, den Hades, und die sichtbare Erlösung des gefallenen Menschen vom Tode sind die Motive des Osterbildes.

Nach dem christlichen Bekenntnis wird Jesus Christus zwischen dem Kreuzestod am Karfreitag und der Auferstehung am Ostersonntag »der Beistand der verstorbenen Seelen, die ihr göttliches Sein verloren hatten« – traditionell »abgestiegen zur Hölle«. Er tritt auf diesem Bild die Pforten der Hölle, die zugleich die Hadeswelt der Verstorbenen ist, kreuzförmig unter seine Füße. Schloß und Schlüssel fliegen zur Seite. Mit seiner rechten Hand ergreift er die linke des knienden Adam und geleitet damit den gefallenen Menschen auf die Seite der Auferstehung und des neuen Adam. Eva kniet rotgewandete mit verhüllten Händen bei dieser Erlösungstat in Anbetung. Eine lichtgrüne Mandorla umgibt kreisförmig den Auferstandenen, dessen wehendes Schultertuch die geistige Dynamik des Vorgangs spiegelt.

Hinter Adam stehen die Könige David und Salomon sowie Johannes der Täufer, die alle auf Christus weisen. Ein Prophet ist hinter den Königen sichtbar. Hinter Eva drei Jünger. Zwei Engel tragen in Anbetung den goldenen Kelch des heiligen Blutes und das Kreuz. Die Erde beginnt vor dem Goldgrund der Welt im Glanz der Auferstehung aufzuleuchten.

4 DIE AUFERSTEHUNG CHRISTI

THRONENDER ALLHERRSCHER – PANTOKRATOR

russisch (Moskauer Schule), um 1600, 79 × 63 cm
Ikonenmuseum Recklinghausen

Der Allerhalter, der zugleich das All geschaffen hat, ist ein besonderer Typ des Christusbildes. Christus sitzt gleichsam schwebend auf einem Thron, die Rechte ist zum Lehr- und Segensgestus erhoben, die Linke trägt das aufgeschlagene Evangelienbuch. Der Text ist Matthäus 11, 28: »Kommet her zu mir alle, die Ihr mühselig und beladen seid, ich will euch erquicken.« In seinem Heiligenschein ist die Bezeichnung »Ho on = der Seiende«. Ihn umgibt mit dem Thron eine vierzackige rote Aureole, so daß sein Haupt mit dem Schein und seine Füße je in einer gegenüberliegenden Zacke der senkrechten erscheinen. Ein ovaler grün-blauer Farbkreis mit Wolkenbildung – Er kommt in der Wolke – und himmlischen Hierarchien, die aufschauen zu ihm, folgt. Dahinter bildet wieder eine vierzackige, fast quadratische rote Aureole den Grund. In jeder der vier Ecken erscheinen die Symbole der vier Evangelisten: Engel, Adler, Löwe, Stier. Christus ist wiederum in den Farben der Himmelfahrt gold-rot gewandet, die dreigegliederte Aureole gibt die Osterfarben rot-grün wieder. Siehe auch Apokalypse 4, 6ff.: »Mitten unter dem Throne und um den Thron befanden sich vier Wesen, voll Augen vorn und hinten. Das erste Wesen glich einem Löwen, das zweite einem Stier, das dritte hatte ein Antlitz wie ein Mensch, das vierte glich einem fliegenden Adler.«

5 THRONENDER ALLHERRSCHER

MARIÄ VERKÜNDIGUNG

russisch (Moskauer Schule), Anfang 16. Jahrhundert, 32 × 26 cm
Ikonenmuseum Recklinghausen

Maria sitzt auf einem Thron, zu dem zwei Stufen heraufführen. Der Sitz ist rot-gold in den liturgischen Farben der Himmelfahrt. Über einem blau-grünen Untergewand trägt sie das braun-rote Maphorion, gesäumt von einer goldenen Borte, den Jungfrauenstern auf der Stirn und der Schulter. Ihre Rechte ist nach oben geöffnet als Geste des Hörens der Inspiration. In der Linken hält sie rote Purpurseide, deren Faden sichtbar ist. Diese Szene entstammt dem apokryphen Protoevangelium des Jakobus. Sie wird auch damit verbunden, daß Maria bei der Verkündigung als Tempeljungfrau an dem Tempelvorhang webt, der mit dem Tode Jesu Christi reißt und das Allerheiligste freigibt. Von links tritt in dynamischer Bewegung der Erzengel Gabriel an sie heran, die Rechte ist zur Verkündigung erhoben, ein Gestus, der die Worte aus Lukas 2, 28 begleitet: »Heil Dir, Du Begnadete, der Herr selbst ist dir nahe, gesegnet bist Du unter allen Frauen!« In der Linken hält sie den roten Stab, der die Würde des Erzengels kennzeichnet. Im Hintergrund die golden verschlossene Pforte als Symbol der jungfräulichen Geburt. Maria hat ihr Haupt zum Erzengel hin geneigt, eine Haltung, die durch Psalm 45,11 bestimmt ist: Höre, Tochter, sieh und neige dein Ohr!

6 MARIÄ VERKÜNDIGUNG

DER GEKREUZIGTE SERAPH

russisch (Moskauer Schule), um 1600, 24,4 × 18,8 cm
Ikonenmuseum Recklinghausen

Der tragende Grund dieser Ikone ist ein rotes Rechteck, dessen Spitzen in die Ecken der Ikone weisen. In ihnen befinden sich die vier Symbole der Evangelisten Engel, Adler, Löwe, Stier. Darüber ist ein zweites Rechteck, in dessen Mitte das Kreuz mit dem Gekreuzigten steht. Aus den Wundmalen fließt das Blut. Das Kreuz steht auf dem Hügel Golgatha, in dessen Höhle der Schädel Adams liegt. Unter dem Kreuz erscheinen zwei rote Seraphim, das Antlitz Jesu Christi ist von einem weißgeflügelten Seraphim im Vordergrund umgeben. Das führt zu der irrtümlichen Bezeichnung »Der gekreuzigte Seraph«, ein Seraph kann jedoch nicht gekreuzigt sein, nur der Gott, der Menschengeschlecht angenommen hat, ist der Kreuzigung und des Todes fähig. Über dem Haupt des Gekreuzigten sitzt eine rotgekleidete Gestalt und zieht das Schwert des Geistes. Dahinter steht, in bischöfliche Gewänder gekleidet, Gott, der Vater, der die rechte Hand erhoben hat und mit seiner Linken ein blaues Schwert hält, dessen Spitze nach unten gerichtet ist. Über dem Kopf des Vaters ist in einem Medaillon der Heilige Geist im Symbol der Taube dargestellt, von dem drei inspirierende Strahlen ausgehen.

7 DER GEKREUZIGTE SERAPH

DER DRACHENKAMPF DES HEILIGEN GEORG
russisch (Novgorod), Anfang 16. Jahrhundert, 31,5 × 26,5 cm
Ikonenmuseum Recklinghausen

Der Kampf des Ritters Georg mit dem Drachen ist ein zentrales Motiv der Ikonenkunst. Der Ritter Georg sitzt mit goldener Rüstung auf rotgrünem Sattel. Seine hocherhobene Rechte führt die lange, dünne, schwarze Lanze, deren oberes Ende mit dem Zeichen des Kreuzes verziert ist. Die Rechte packt nicht kraftvoll und die Lanze stoßend zu, sondern gibt ihr mit geöffneten Fingern eine leichte Führung. Die Linke führt kraftvoll die roten Zügel an den Leib, das weiße Roß ist rot gezäumt und tritt leichten Fußes den Drachen unter sich. Der wehende rote Mantel des Ritters flattert, rechts oben wird aus einer dreigegliederten Aureole, einer der Sterne, einer der Sonnenstrahlen und einer der Wolke die segnende Hand Jesu Christi sichtbar, des »Kampfesrichters«, wie ihn bereits die Kirchenväter des 4. Jahrhunderts nennen. Er gibt dem heiligen Krieger den Sieg. Der Drache ist bereits getroffen, der Kopf durchbohrt, seine feurige Zunge züngelt weit aus dem Rachen, der Blick des Heiligen und das rote Auge des Drachen schauen einander an. Der Kopf des heiligen Georg zeigt eine verinnerlichte Beseelung, die Locken sind sorgfältig um das Haupt gelegt, die Gestalt ist in den Steigbügeln aufgerichtet, der Gesamteindruck ist, daß die innere Haltung und die Ich-Kraft seines Menschentumes unter der segnenden Hand Jesu Christi den Drachen überwindet.

8 DER DRACHENKAMPF DES HEILIGEN GEORG

DIE FEURIGE HIMMELFAHRT DES PROPHETEN ELIAS
russisch (Novgoroder Schule), 16. Jahrhundert, 35 × 30,5 cm
Basma aus vergoldetem Silberblech
Ikonenmuseum Recklinghausen

Mit der hier dargestellten Himmelfahrt des Elias ist eine Szene aus seinem Leben verbunden: ein Engel weckt und speist Ihn (unten rechts) nach der Darstellung 1. Kön. 19,5. Darüber ist die Himmelfahrt des Propheten Elias dargestellt, der durch Gott in den Himmel entrückt wurde. Der Felsberg links trägt die Gestalt des Elisa, der mit stürmischer Bewegung und weit nach oben gestreckter Rechten nach dem Mantel des Elias greift. Der Prophet steht goldenbewandet im Wagen und übergibt mit der Rechten seinem Nachfolger den Mantel, seine Linke ist nach oben zu dem Engel hin geöffnet, der die Frauenaureole schützend umgibt, der bäuerliche Kastenwagen wird von zwei feuerroten, geflügelten Rossen dem Himmel entgegengezogen. Die segnende Hand des Vatergottes ist aus einer blaugoldenen Aureole dem Elias zugewandt.

9 DIE FEURIGE HIMMELFAHRT DES PROPHETEN ELIAS

CHRISTI EINZUG IN JERUSALEM
russisch (Novgorod), Mitte 16. Jahrhundert, 24,5 × 21,5 cm
Ikonenmuseum Recklinghausen

Die Ikone der Darstellung des Einzugs Christi in Jerusalem am »Palmsonntag« hält sich im wesentlichen an den Bericht der Evangelien, wie in Matthäus (21,1–11), Markus (11,1–10), Lukas (19,29–40) und Johannes (12,12–19) überliefert. Zur Ergänzung nahm man aus dem apokryphen Evangelium des Nikodemus den kurzen Bericht über die jüdischen Kinder hinzu, die von den Bäumen Palmzweige brachen – drei werden oben in der Palme sichtbar – und Gewänder auf den Weg Christi vor die Hufe der Eselin breiten. Zur Linken erhebt sich der Ölberg, von dem Jesus Christus auf einer Eselin auf das Tor der Stadt Jerusalem zureitet. Die Jünger mit Petrus und Johannes an der Spitze folgen, die Rechte Jesu Christi ist segnend emporgehalten. Ein alter Priester und zwei Frauen sind stellvertretend für die Bewohner der Stadt Jerusalem ihm entgegengegangen und empfangen ihn. Die Erde glänzt bereits im Licht der nahen Auferstehung auf.

10 CHRISTI EINZUG IN JERUSALEM

DAS ENTSCHLAFEN DER MARIA
Moskauer Schule – 1. Hälfte 17. Jahrhundert, 32 × 26,8 cm
Privatbesitz

Das Thema gehört zur Festtagsreihe der Ikonostase. Die Gottesmutter Maria ist gestorben. Sie liegt aufgebahrt auf rotem Kissen und grünem Bahrtuch – den Farben der Osterlithurgie. Ihre Hände sind gekreuzt, die Augen zum Schauen geöffnet. Zu den Häupten und Füßen ist je eine Gruppe von sechs Jüngern und Aposteln, die mit verhüllten Händen in Anbetung sind oder mit dem Weihrauchgefäß die Räucherung zur Aussegnung des heiligen Leichnams vollziehen. Im Hintergrund sind Bischöfe zugegen, nach dem Malhandbuch vom Athos (Kap. 394), Dionysius der Areopagite und Timotheus, die das Evangelienbuch in ihren Händen halten. Mehrere Frauen sind zugegen. Hinter der Bahre taucht für den schauenden Blick der Maria, aber auch für den Betrachter, senkrechtstehend der Auferstandene auf in einer aus Feuer des Geistes gebildeten Mandorla, deren Lichtstrahlen von Christus ausgehen nach allen Richtungen. Er ist wieder der Himmelfahrt gemäß rot-gold gewandet. Auf seiner Rechten trägt er die ewige Seele der Maria, die weiß-gewandet wie ein neugeborenes Kind soeben ihre Ankunft in der geistigen Welt durchlebt. Die rot-gold sechsfach geflügelten Seraphim bilden den Übergang zur Welt, des Vaters, der Mandorla Jesu Christi und dem der Sphäre, die kreisförmig alle Heiligen umspannt. Im Vordergrund ist die kleine Szene des Juden Ichonias dargestellt, der sich an der Grablegung zu vergreifen sucht. Der Erzengel Michael ist vom Himmel heruntergefahren und schlägt mit rotem Schwert die Hände ab. Diese Szene wird seit dem 15. Jahrhundert auf fast allen Koimesis-Ikonen dargestellt.

11 DAS ENTSCHLAFEN DER MARIA

DIE VERKLÄRUNG CHRISTI
russisch – Ende 17. Jahrhundert / Anfang 18. Jahrhundert, 57,5 × 37,5 cm
Privatbesitz

Die drei Evangelisten Matthäus (17, 1–9), Markus (9, 2–13), Lukas (9, 28–36) berichten mit Varianten die Verklärung Jesu Christi. »Und nach 6 Tagen nahm Jesus zu sich Petrus, Jakobus und Johannes, seinen Bruder und ging mit ihnen allein auf einen hohen Berg. Und er ward verklärt vor ihnen, und sein Angesicht leuchtete wie die Sonne, und seine Kleider wurden weiß wie das Licht. Und siehe, da erschienen ihnen Moses und Elias, die redeten mit ihm. Petrus aber hub an und sprach zu Jesus: ›Herr, hier ist für uns gut sein, willst du, so wollen wir hier drei Hütten machen, dir eine, Mose eine und Elia eine.‹ Da er noch redete, siehe, da überschattete sie eine lichte Wolke, und siehe, eine Stimme aus der Wolke sprach: ›Dies ist mein lieber Sohn, an welchem ich Wohlgefallen habe; den sollet ihr hören!‹

Da das die Jünger hörten, fielen sie auf ihr Angesicht nieder und erschraken sehr. Jesus aber trat zu ihnen, rührte sie an und sprach: ›Stehet auf und fürchtet euch nicht!‹ Da sie aber ihre Augen aufhoben, sahen sie niemand als Jesus allein.«

Auf dem mittleren von drei Berggipfeln, die überstrahlt sind vom Licht des Verklärten, steht barfüßig die Lichtgestalt Jesu Christi mit segnender Hand. Sein Gewand ist weiß wie das Licht. Die osterrote sonnenhafte Mandorla läßt fünfstrahlig Zacken von seinem Wesen ausgehen, zwei, die die Gestalten des Moses, der die Gesetzestafel in der Hand trägt, und das Elias mit anbetendem Handgestus, erreichen, und nach unten drei Strahlen, die Petrus, Jakobus und Johannes bemerken in dem Augenblick, als sie auf ihr Angesicht niederfallen und die Augen zu Christus erheben. Die Strahlen der Inspiration geben dem Bild die Verklärung – der Tradition nach auf dem Berge Tabor in Galiläa – die starke Dynamik.

12 DIE VERKLÄRUNG CHRISTI

DIE HEILIGE DREIFALTIGKEIT
oder
DIE GÖTTLICHE WEISHEIT – DIE HEILIGE SOPHIA

russisch, 17. Jahrhundert, 31 × 27 cm
Privatbesitz

Im oberen Bildteil ist der Thron Gottes inmitten der himmlischen Hierarchien. Der Vatergott ist als Urgrund der Welt unsichtbar und wird meist symbolisch dargestellt. Aus dem sternenübersäten Halbrund des Himmels wenden sechs Engel ihre segnenden Hände auf Jesus Christus hin, der in einer grün-roten österlichen Mandorla die mittlere Person der Heiligen Dreifaltigkeit bildet. Der Heilige Geist ist hier nach östlicher Sicht als Sophia weiblich dargestellt. Sie trägt rot-goldene Flügel. Ihr Thronsessel schwebt wieder in einer dreigegliederten Aureole. Während die linke Hand auf dem Herzen ruht, führt die rechte einen Zepterstab, der nach oben in ein Kreuz, nach unten in einen Dreizack mündet.

Maria mit dem Sohn vor ihrem Herzen und Johannes der Täufer neigen sich in anbetender Haltung. Schon die Sprüche Salomonis im Alten Testament (Kap. 8,1 ff.) beschreiben, daß die göttliche Weisheit – Sophia – da war und wirkte, ehe Gott etwas schuf. Auch der Prophet Jesaia spricht von ihr (11,1–2). Die berühmteste Kirche der östlichen Christenheit ist der göttlichen Weisheit gewidmet: die Hagia Sophia in Konstantinopel.

13 DIE HEILIGE DREIFALTIGKEIT

DIE HIMMELFAHRT CHRISTI
Nordrußland – 17. Jahrhundert, 40,5 × 34,7 cm
Privatbesitz

Lukas berichtet in der Apostelgeschichte (1,9 ff.):

»Und da er solches gesagt, ward er aufgehoben zusehends und eine Wolke nahm ihn auf vor ihren Augen weg. Und als sie ihm nachsahen, wie er gen Himmel fuhr, siehe, da standen bei ihnen zwei Männer in weißen Gewändern, welche auch sagten: ›Ihr Männer von Galiläa, was stehet ihr und seht gen Himmel? Dieser Jesus, welcher von euch aufgenommen ist in den Himmel wird so kommen, wie ihr ihn habt gen Himmel fahren sehen.‹«

Das »und siehe« erweckt im Betrachter des heiligen Bildes das Geschehen der Himmelfahrt und schenkt die innere Einheit von Evangelienwort und Bild. Zwei Gruppen von je sechs Aposteln – Matthias ist inzwischen als Zeuge der Auferstehung hinzugestellt worden (Apg. 1,21 ff.) – schauen die Himmelfahrt Christi. Die Engel tragen und heben ihn schwebend empor. Jesus Christus hat sich, wie es der Evangelist Markus ausspricht, zur rechten Hand Gottes gesetzt – Gottvater ist immer unsichtbar und segnet. Er ist hier in der dreigegliederten sonnenhaft runden Mandorla symbolisch mitenthalten, wobei die Farben rot-gold die gleichen sind wie im Kultus der Christengemeinschaft die Himmelfahrtsfarben. Die weißgewandeten Boten des dreieinigen Gottes haben zu zweit drei Hände. Sie weisen zur Himmelfahrt hin und segnen die Schauenden. Ihre Goldflügel sind Zeichen für die neue Verbindung von Himmel und Erde: nach oben geben sie Raum für den erhöhten Herrn, nach unten weisen sie zu den Jüngern hin. Maria bildet mit zur Anbetung gebreiteten Händen die neue Mitte des Jüngerkreises. Sie wird zum Bild der werdenden Ekklesia. Ihr Haupt trägt wie der Sohn und wie die beiden Engelpaare den goldenen Nimbus.

Das Ganze geschieht auf dem Ölberg, wobei der Berg bereits im Verklärungslicht des Erhöhten aufleuchtet: die Himmelfahrt findet für Mensch und Erde statt.

14 DIE HIMMELFAHRT CHRISTI

DAS NICHT VON MENSCHENHAND GEMACHTE BILD UNSERES HERRN, GOTTES UND ERLÖSERS JESUS CHRISTUS – DAS HEILIGE TUCH

russisch, 17. Jahrhundert, 46 × 36,3 cm
Privatbesitz

Die Ikone wird auch als Mandylion – Tuch – bezeichnet. Es gilt als ein echtes Porträtbild Christi. Eine Legende sagt, daß der Fürst von Edessa, Abgar, ein Zeitgenosse Jesu Christi, an einer unheilbaren Krankheit litt. Er wandte sich brieflich an Jesus Christus mit der Bitte, ihn zu heilen. Jesus antwortete ihm mit einem Brief und übersandte gleichzeitig sein wunderbar durch Abdruck seines Gesichtes auf einem Linnen entstandenes Porträt – ein wahres Licht-Bild –, bei dessen Anblick der Fürst genas. Nach einer anderen Legende geht dieses erste Antlitz Christi auf Lukas den Arzt und Maler zurück. Damit wird bildhaft zum Ausdruck gebracht, daß das malerische Evangelium von Lukas stammt, der die Kunstgeschichte entscheidend befruchtet hat.

Die Ikone trägt die Bezeichnung archeiropoietisch, das Ur-Bild, »das nicht von Menschenhand gemalt« ist. Das Antlitz ist ohne Holz in das Linnen abgebildet, das rote Osterkreuz zeichnet sich hinter dem Kreuz ab, in goldenen Buchstaben ist die obige Bezeichnung mit den üblichen Kürzungen in das Linnen eingewoben: Merukotvornnyi obraz Gda Bga i Spas a našego Isa Chsta iže st. ubrus.

15 DAS NICHT VON MENSCHENHAND GEMACHTE BILD

DIE GOTTESMUTTER
VOM UNVERBRENNBAREN DORNBUSCH

zentralrussisch um 1800, 44,7 × 39,2 cm
Privatbesitz

Die Ikone geht auf Zitate von Kirchenvätern zurück, die das Ereignis der Berufung des Moses und sein Schauen des Gottes des Ich-bin im brennenden Dornbusch (2. Moses 3,2) auf die Gottesmutter, die auf ihrem Herzen den Gott des Ich-bin trägt, deuten, so z. B. Ephraim der Syrer. Auch Gregor von Nyssa betrachtete den brennenden, aber sich nicht verzehrenden Dornbusch, aus dem heraus die Stimme Gottes zu Moses sprach, als einen alttestamentlichen Hinweis auf die jungfräuliche Gottesmutter. Das Motiv wurde vom 16. Jahrhundert an weiter entfaltet, indem verschiedene Visionen aus dem Alten Testament, die auf eine jungfräuliche Geburt hindeuten, einbezogen werden. So ist oben links die Schau des Moses vor dem brennenden Dornbusch, bei der er Christus auf dem Herzen der anbetenden Gottesmutter schaut, unten links die Vision des Ezechiel von der verschlossenen Tür (Ezechiel XL 1, V, 1 ff.); unten rechts die Schau des Jakob von der Himmelsleiter, auf der Engel auf- und niedersteigen und Christus Immanuel herabkommt (1. Moses 28, 11), und oben rechts die glühenden Kohlen, die die Zunge des Jesaias reinigend darstellt.

Zwei vierzackige Sterne sind so übereinandergelegt, daß sie in der Draufsicht einen achtzackigen ergeben. Dieser wiederum liegt auf einem wie eine geöffnete Rose angeordneten Kreis. In der Mitte des Sternes ist eine von goldenen Strahlen durchzogene rote – die Osterfarben – Rundauriole, in der die Gottesmutter mit dem segnenden Kind, dem Immanuel, ist. Auf ihrer Brust ist wiederum die Vision des Ezechiel dargestellt. In den vier Ecken des sternenübersäten blauen Sternes sind vier Engel mit Symbolen aus dem Akatistos-Hymnus. In den Ecken des zweiten Sternes sind die Symbole der vier Evangelisten, Engel, Adler, Löwe, Stier. Auf den Blättern des Rosenkreises sind wieder acht Engel mit Attributen aus dem Akatistos-Hymnus dargestellt.

16 DIE GOTTESMUTTER

Das Motiv der Gottesmutter taucht auch bei Walther von der Vogelweide (1170–1230) auf in seinem Gedicht

Jungfrau und Mutter, siehe an
die Not der Christenheit
du blühender Zweig des Aaron,
aufgehendes Morgenrot,
Ezechiels Pforte,
die nie geöffnet ward,
durch die der König prächtig
ward aus- und eingelassen.
So wie die Sonne scheinet
durch Fensterglas aus einem Stück,
ganz so gebar die Reine
Christus, die Jungfrau und Mutter war.
Ein Busch, der brannte,
daran gar nichts
versenget noch verbrennet ward:
Groß und unversehrt
blieb sein Glanz,
von Feuersflamme unverletzt.
Das war die reine
Jungfrau alleine,
die auf jungfräuliche Art
Mutter eines Kindes wurde…

und verbrannten Ikonen oder warfen sie ins Meer. Erst Kaiserin Irene konnte 787 auf dem 7. ökumenischen Konzil der Bilderstürmerei ein Ende setzen. 843 wurde unter der Kaiserin Theodora die Bilderverehrung endgültig wieder eingeführt. Dieser Tag gilt als einer der größten Festtage in der Ostkirche. Er heißt: »Tag der Orthodoxie«.
Den Bildern wurde wieder ihre alte religiöse Funktion zugewiesen: Wenn man ein Bild mit Andacht betrachtete, so kam man dem Urbild nah. Weihrauch und Kerzen wurden wieder zugelassen. Es wurde aber deutlich gemacht, daß die Verehrung nicht dem Bild zu gelten hat, sondern, wie ein Wort des Kirchenvaters Basilius besagt: »Die dem Bild erwiesene Ehre geht auf das Urbild über.«

DIE ERSTEN IKONEN

Nach dem Sieg der Bilderverehrer wuchs die Produktion der Ikonen mächtig an. Seit dem 6. Jahrhundert gibt es zahlreiche Berichte von Wundern, die durch Ikonen bewirkt wurden. Sie heilen, sie schützen, sie helfen in schwierigen Lebenslagen, sie geben den Soldaten himmlischen Beistand, wenn sie auf Feldzügen mitgeführt werden. Die größte Wunderkraft geht von jenen Ikonen aus, die »nicht von Menschenhand geschaffen« wurden, den »acheiropoietoi«. So soll der Legende nach Christus dem Fürsten Abgar von Edessa ein Tuch mit dem Abdruck seines Gesichtes gesandt haben, um diesen von einer schweren Krankheit zu heilen. Auf diese Legende und das in Edessa und später in Konstantinopel hoch verehrte Tuch gehen die Ikonen des »Mandylion« zurück, die das Haupt Christi auf dem Hintergrund eines Tuches zeigen (vgl. Abb. 15).
Einer anderen Legende nach handelt es sich bei dem Tuch um das Schweißtuch der Veronika, das die Heilige dem Christus auf seinem Weg zur Richtstätte zum Abwischen seines Schweißes darreichte und auf dem der Abdruck seines Antlitzes verblieben ist. Man nimmt an, daß der Name der heiligen Veronika aus dem Wort »verum ikon – das wahre Abbild« entstanden ist. Auf ähnliche wunderbare Weise sollen auch zahlreiche andere Ikonen entstanden sein. Dabei ist der Abgebildete nie substantiell gemeint. Er ist aber durch das Bild geistig anwesend. So ist es verständlich, daß die Ikone, wie sie aus den Händen des Mönches entstand und in den Kirchen, aber auch in Privathäusern aufgestellt wurde, als ein heiliger Gegenstand angesehen wurde. Sie war ein Sakrament, sie war eine Reliquie, sie ging über alles Sakrale hinaus. Über das Gotteswerk der Ikone fand die Kommunikation mit Gott statt. Und die Freude an dem Gebet über die Ikone war groß und gewaltig, und die Ehrfurcht vor diesen Gottesbildern war im Volk ungeheuerlich. Man brauchte die Ikone, um mit ihr auf Gott zuzuleben. Man taufte die Kinder mit der Ikone, die ihnen für das ganze Leben zugesprochen wurde. Bei der Heirat segnete man das Paar mit einer Ikone. Man schenkte sich Ikonen zu besonderen Anlässen. Wer zu den fernen Klöstern wanderte, um dort zu beten und zu meditieren, brachte für seine Angehörigen und Freunde dort gemalte, kleinere und größere, kirchlich geweihte Ikonen mit. In den Wohnhäusern war eine Ecke im Osten, der sogenannte »schöne Winkel«, der

Ikone vorbehalten. Die Wand war mit wunderbar bestickten weißen Leinentüchern bespannt; darauf hingen die Ikonen. Die wichtigste war in der Mitte, umrahmt von kleineren Bildern. Vor diesen Ikonen stand, auch im profanen Raum, ein Analoi, ein Gebetspult, über das ebenfalls ein gesticktes Tuch gebreitet war. Darauf wurde die Ikone des betreffenden Monats oder des jeweiligen Tages gelegt. Hier brannte ein ewiges Licht, wurden Kerzen angezündet, während man betete oder sang. Man verneigte sich vor den Ikonen, man küßte sie. Wenn man einen Raum betrat, brauchte man nicht suchend umherzublicken. Man wußte: Dort ist die Ecke, und man ging hin, um sich tief vor den Ikonen zu verneigen, sich zu bekreuzigen und ein Gebet zu sagen. Erst dann begrüßte man den Hausherrn, die Verwandtschaft und das Gesinde.

Ohne Ikone gab es kein Leben. Jeden Morgen vor dem Aufstehen betete man zur Ikone, die über dem Bett hing. Man betete zum Frühstück, man betete, ehe man zur Arbeit ging, man betete, wenn man eine Kutsche bestieg oder einen Wagen. Es gab keine Gelegenheit, da man nicht betete. Betrat man sein Kontor, seine Arbeitsstätte, verneigte man sich auch dort vor den Ikonen und sprach ein Gebet. Die Schüler sprachen lange Gebete vor Beginn des Unterrichts. Immer war die Ikone dabei. Sie war ein Begleiter des Menschen, sie war sein Anreger und sie war sein Gewissen. Sie war seine Freude, und sie linderte seine Trauer, minderte seine Schwächen. Bei Brand oder Flucht wurde die Ikone als erstes gerettet. Alles Hab und Gut mag verderben, die Ikone muß gerettet werden, denn sie ist die Beschützerin der Familie; in ihr sind wie in einem konservierenden Prisma alle Gebete, aller Dank, alle Demut und Aufopferung über Jahrhunderte gesammelt und aufgespeichert; sie ist eine strahlende Kraft. Sie war ein Zentrum des orthodoxen Daseins.

Hymnische Worte finden große Christen für die Ikone. Nylus von Ankyra, der Mönch vom Sinai:

»...damit die des Schreibens Unkundigen, die auch die heiligen Schriften nicht lesen können, durch die Betrachtung des Bildes an die Rechtschaffenheit der echten Diener des wahren Gottes erinnert und zur Nachahmung der herrlichen und großartigen Tugendwerke angespornt werden, wodurch jene die Erde mit dem Himmel vertauscht haben, indem sie das Unsichtbare dem Sichtbaren vorzogen...«

Und Dionysios Areopagita (6. Jhdt.):

»Das Bild aber, voll Gnade, läßt den Christen teilhaftig werden an der Heiligkeit des Urbildes und wird selbst zum Mysterium. Es ist das Abbild des Unsichtbaren und vermag durch die Betrachtung des Sichtbaren zu göttlicher Schau emporzutragen.«

So ist die Ikone ein sakrales Meditations- und Gebetsobjekt. Sie ist gleichsam ein durch ein Prisma verkleinertes Abbild der geistigen Welt. Sie ist zugleich ein Kunstwerk, und je schöner ihre geistige Kraft durch den Maler gestaltet wurde, um so begehrenswerter ist sie. Von berühmten Ikonenmalern wie dem heiligen Alimpi, dem armlosen Polujekt Nikiforow, dem großen Sünder Michail, Andrei Rubljow, Simon Uschakow und anderen wird berichtet, daß ihre Ikonen so begehrt waren, daß riesige Scharen von Gläubigen zu ihnen pilgerten, Fürsten, Bojaren, Kaufleute, um ihre Ikonen zu bewundern und zu bestellen.

Von dem Kiewer Malermönch Alimpi († 1114) wird erzählt, daß er einmal einem Aussätzigen die Wunden mit der Farbe, mit der er die Ikonen malte, bestrichen habe, worauf dieser genesen sei. Als Alimpi starb, haben andere Mönche beobachtet, daß ein Engel seine unvollendete Ikone fertig malte.

DER IKONENKULT IM WESTEN

Der östliche Mensch, der im Westen dem modernen Ikonenkult begegnet, muß befremdet, ja entsetzt sein.
Es gibt seit 1956 ein wunderbares Ikonen-Museum in Recklinghausen, eine wirkliche Großtat deutscher Wissenschaftler und Kunstkenner, die all diese Schätze gesammelt, zusammengetragen und geordnet haben, nach westlichen Gesichtspunkten: nach dem Ort der Entstehung, nach der Malerschule, nach dem Jahrhundert, nach dem Motiv. Der Direktor des Museums erzählte mir noch immer bewegt, daß einmal drei hohe orthodoxe Geistliche zur Besichtigung kamen. Er wollte sie begleiten, um ihnen das eine oder andere zu erklären, aber sie lehnten das ab. Lange verweilten sie vor den Ikonen, verneigten und bekreuzigten sich, und sie weinten. Alle drei weinten bitterlich, und als sie dann hinausgingen, wagte der Direktor, der glaubte, Tränen der Freude zu sehen, zu ihnen zu treten und sie zu fragen, wie es ihnen gefallen habe. Sie sagten: »Es war schrecklich, es war fürchterlich!« Er fragte: »Mögen Sie die Ikonen nicht?« Die Antwort war: »Von mögen kann gar keine Rede sein. Sie sind herrlich, sie sind wunderbar, aber für uns sind das Heiligtümer, für uns sind das die verehrungswürdigsten Objekte, die es auf der Welt gibt, ob sie nun ein Mönch gemalt hat oder ein Engel, wie so oft in den Legenden beschrieben. Für uns sind sie Engelswerk, und nun sehen wir sie hier ganz kalt an den Wänden aufgehängt, in Vitrinen ausgestellt, kategorisiert mit einer kunsthistorischen Bemerkung über Schule und Jahrhundert, manchmal auch mit dem Namen des Malers. Aber darum geht es doch gar nicht! Jeder dieser Gegenstände ist von einem Bischof geweiht, Mönche haben in freudiger Meditation nach geistiger Vorbereitung daran gearbeitet. Generationen von Menschen haben in den Kirchen oder zu Hause inbrünstig davor gekniet und gebetet. Kinder wurden damit gesegnet und Brautpaare und Sterbende. Für uns ist die Ikone etwas, mit dem wir leben, mit dem wir beten und mit dem wir Gottes Gnade erbitten, und hier, hier sind sie in einem Museum, einem gottlosen Ort, der die Göttlichkeit der Dinge auch gar nicht vermitteln kann. Sie müssen verstehen, daß wir diese Art der Ausstellung nicht begreifen und auch nicht billigen können...« Der Direktor war sehr erstaunt und sehr betroffen, weil ihm die Haltung dieser Menschen fremd war. Er sagte, er habe ein großartiges Werk geschaffen, indem er diese Dinge in einer möglichst würdigen Weise den Menschen, den hiesigen Menschen zur Schau gestellt habe. Er begriff nicht, daß hier die Verlagerung eines Göttlichen, eines zutiefst Sakralen, zur Profanität vorgenommen worden war.

Das also erlebt der russische Mensch, wenn er irgendwo hinkommt und der Hausherr zu ihm sagt: »Ich habe herrliche Ikonen, ich muß Sie ihnen zeigen.« Da muß der russische Mensch mit Beklemmung, mit einer Art innerer Ablehnung hinzutreten. Neben der Ikone hängt dann vielleicht ein Buddha-Bildnis oder ein Kirchner oder ein Picasso oder sonst etwas, weil der Ikone in solchen Räumen ja gar kein sakraler Platz zugewiesen ist. Das kann der gläubige Russe nicht verstehen. Der westliche Mensch hat andere Gesinnungen, steht anders zu diesen Dingen, empfindet vielleicht sogar Ehrfurcht und Hochachtung davor. Aber sie sind für ihn eine Dekoration. Würde ein westlicher Mensch sagen: »Ich habe eine Ikone gekauft«, dann würde der orthodoxe Russe antworten: »Wie kannst du eine Ikone kaufen? Eine Ikone kann man nicht kaufen! Man kann sie in einem Kloster erstehen für jemand, dem sie zugedacht ist, aber man kann nicht in ein Geschäft gehen und einfach eine Ikone kaufen!« Das ist der Unterschied, und er ist sehr grundlegend.

Die Vorstellung von etwas im höchsten Maße Sakralem gegenüber der Ikone ist im östlichen Menschen tief verwurzelt. Und wir alle, die wir aus dem Osten kommen und die wir dies noch erlebt haben, wir haben diese heilige Liebe und diese heilige Ehrfurcht gegenüber der Ikone bewahrt. In dem Buch von Wladimir Solouchin, einem russischen Autor unserer Tage, das auf russisch 1969 unter dem Titel »Schwarze Tafeln« erschien (dt. auch 1969 »Schwarze Ikonen«), wird von einem jungen, atheistischen Mann berichtet, der jeden Glauben ablehnte, bis ihm eines Tages Ikonen begegnet sind, verkommene, verschimmelte, verfaulte und von Würmern zerfressene Ikonen. Plötzlich hat er begriffen, was das ist, und er hat von da an sein ganzes Leben der Errettung von Ikonen gewidmet. Er ist von Ort zu Ort gefahren, von verlassener Kirche zu verlassener Kirche, von Haus zu Haus und hat diese »schwarzen Bretter«, auf denen man schon fast nichts mehr erkennen konnte, mitgenommen, sich erbeten, gekauft, um sie dann, so weit dies möglich war, zu restaurieren. Das ist die Schilderung eines Ungläubigen, der gläubig wurde, der einfach erkannte, was im Herzen seiner Vorväter vor sich ging, wenn sie sich vor einem solchen Bild verneigten und davor beteten. Und die Menschen, die er auf seinen Reisen traf – meist alte Frauen und Männer – trugen das ihrige zu seiner Verwandlung bei. Sie hatten über die Verwüstungen aus der bolschewistischen Zeit sich etwas bewahrt, das von einer unerschütterlichen Kraft zeugte.

DIE RUSSISCH-ORTHODOXE KIRCHE

Im Westen ging im Laufe der Zeit das geheime Wissen um das Symbol verloren. Der Individualismus hat es vernichtet. Bis zum 12. Jahrhundert finden wir in der westlichen Ikonographie noch die gleichen byzantinischen Elemente und die Kraft des Symbols, aber allmählich tritt eine zunehmende Säkularisierung auf. Gewiß, das Kunstwerk wird immer großartiger und reifer, die individuelle Aussage reichhaltiger und tiefer. Aber das Symbol verkümmert. Die Muttergottes, die Himmelskönigin wird immer mehr zu einem schönen bürgerlichen Mädchen, das Christuskind zu einem zauberhaften Knaben, die Aureole, die das Antlitz der Heiligen überstrahlt, fällt weg. Aus den ernsten und großen Engeln, den Botschaftern, werden lustige, sich tummelnde und geflügelte Putten. Zuletzt nimmt die Freude an dieser Welt so überhand, daß das Individuum und die ganze Natur zum Objekt der Schöpferkraft werden.

Gewiß, auch der Osten machte bis zu einem gewissen Grad diese Entwicklung mit, aber im Grunde wurden die alten Traditionen bewahrt. Der westliche Mensch ist Individualist und Dynamiker. Immer wieder drängt es ihn, die Fesseln des Hergebrachten zu sprengen und etwas Eigenständiges zu schaffen. So hat das westliche Christentum im Laufe der Jahrhunderte unzählige großartige Wandlungen durchgemacht, Stilwendungen in der kirchlichen Architektur, Malerei und Plastik, aber auch in der Dogmatik, der Apologetik, der religiösen Philosophie. Es gab Reformationen und Revolutionen.

Die östliche Kirche dagegen bewahrte ehrfürchtig, wenn auch unbewegt das Erbe der Vorväter. Dort gibt es keine so ausgeprägte Dogmatik, keine Scholastik, kaum eine Apologetik und keine nennenswerten Reformbewegungen.

Heute noch ertönt in der orthodoxen Kirche nur Vokalmusik, die Instrumentalmusik wird als weltlich, ja sogar teuflisch verbannt. Noch steht der Christ des Ostens die vielen Stunden während des Gottesdienstes aufrecht im Kirchenraum, oder er kniet ehrfürchtig auf dem Fußboden und verbeugt sich bis zur Erde. Trotz der Erkenntnisse der Hygiene küßt jeder Orthodoxe die heiligen Ikonen und das Kreuz, das ihm der Priester darreicht; er bekommt die heilige Kommunion in beiderlei Gestalt auf einem goldenen Löffel dargereicht. Reich und arm, Fürsten, Bauern und Bettler stehen nebeneinander, ohne Rangordnung, umarmen und küssen sich, jeder gratuliert dem, der der heiligen Kommunion teilhaftig wurde, als einem in Christo erneuerten Menschen. Keiner hält sich für besser als der andere. Jeder legt seinen Stolz, seinen Hochmut ab. Der Reiche gibt dem Armen Geld, erkundigt sich nach der Familie, nach der Gesundheit. Es ist eine ganz brüderliche Atmosphäre, wie sie unter den ersten Christen herrschte.

Im orthodoxen Gottesdienst ist die Katechumenliturgie noch enthalten. Diese geht zurück auf eine Zeit, da noch Getaufte und Ungetaufte am Gottesdienst teilnahmen. Im ersten Teil wird gebetet, werden die Kirche und die heiligen Ikonen mit Weihrauch beräuchert, es werden Hymnen gesungen. Dann aber ruft der Priester aus: »Tretet hinaus ihr Katechumen!« Der vorausgehende Ausruf: »Die Türen, die Türen...« erinnert an die Schließung der Türen zu Beginn der Feier des Mysteriums. Ich sagte einmal in meinem hohen Alter zu meinem höchsten orthodoxen Priester in Berlin: »Ich könnte nicht mehr in die Kirche gehen, weil ich weder stehen noch sitzen noch knien könnte und weil der Gottesdienst zu lang wäre für mich...« Da sagte er: »Es wird niemals etwas an unserem Gottesdienst geändert werden. Wenn man nicht hingehen kann, gut, dann geht man nicht hin. Aber deswegen und aus solchen Erwägungen heraus denken wir nicht daran, unser geheiligtes Ritual zu verändern.«

Der kranke Gläubige wird vom Priester besucht und empfängt nach reichlichem Gebet und in großer Feierlichkeit die heilige Kommunion zu Hause.

DER ÖSTLICHE CHRIST

Es war für mich immer ein unglaubliches Erlebnis, wenn ich in der Kirche war, den Weihrauch einatmete, vor mir die goldenen Gottesbilder und die wunderbaren Gewänder der Priester, um mich der Gesang und die uralten Worte der Liturgie. Dann mußte ich daran denken, daß vor acht- oder neunhundert Jahren meine Ahnen ebenso dort gestanden haben und genau das gleiche gehört, den Weihrauch gerochen und dem Gesang gelauscht haben und, genau so verklärt und innerlich ruhig geworden, nach Stunden den heiligen Raum verließen. Es ist etwas sehr Seltsames. Es ist so, daß die Kirche für den östlichen Menschen der Ort Gottes ist. Das ist sie freilich auch für andere. Die romanischen und gotischen Kirchen im Westen sind auch Gotteshäuser, und wenn man sich klarmacht, was die Menschen jener Zeit mit ihren primitiven Werkzeugen da an Wunderwerken geschaffen haben, so kann man nur voller Ehrerbietung sein. Aber für den Russen ist das noch etwas anderes. Er staunt. Selbst in kleinen Dörfern konnte man Kirchen mit goldenen Kuppeln finden. Betrat man den dunklen Kirchenraum, war man vom Gold geblendet. Der Russe wird vom Wunder dieser Atmosphäre mit Staunen ergriffen. Alle Ikonen haben Goldgrund oder Goldrahmen, und die Kerzen erleuchten voll Wärme dieses Gold und spiegeln sich darin. Man wird von einem ganz merkwürdigen mystischen Zustand erfaßt. Für den östlichen Menschen ist die Kirche das himmlische Zuhause. Wenn er dort ist, weiß er: Irgendwann, wenn ich meinen Dienst auf der Erde erfüllt habe, werde ich ganz dort sein. Und auch dort wird er das Gold sehen und den Glanz und die Lichter, wird den himmlischen Gesang hören und ganz eingehüllt sein in die Nähe Gottes und der Engel.
Was tut der Betende in der Kirche? Betet er? Vielleicht. Immerhin betet er da, wo Gebete vorgesprochen werden. Sehr selten spielt er eine aktive Rolle in der Liturgie, aber er bekreuzigt sich an der richtigen Stelle der Texte, er läßt sich an den richtigen Stellen auf die Knie nieder, und er verbeugt sich an den richtigen Stellen. Also ist er ein tätiger Zuschauer. Es ist schwer zu sagen, ob er betet, ebenso schwer zu sagen, ob er meditiert. Er ist eingehüllt in diese überirdische, in diese himmlische Atmosphäre von Gesang, Weihrauch und Glanz und läßt sich davon für Stunden bestrahlen. Er legte seine Probleme ab, legt seine Ängste ab, er legt seinen Neid und Haß ab, wenigstens für diese Zeit, und weiß, wie ein Mensch sein soll und wie er sein kann. Und noch, wenn er aus der Kirche hinausgeht, ist er freundlich gesinnt und brüderlich. Wie lange das anhält, weiß freilich kein Mensch. Aber es wiederholt sich periodisch jede Woche.
Ungeachtet der Verfolgung der Kirche in naher Vergangenheit, der atheistischen Propaganda, glühen der Glaube und die Verehrung der Ikone im Herzen ungezählter Ostchristen. Rein als Mensch ist er den Traditionen tief verbunden. Charakteristisch für dieses Bewußtsein und für das Bedürfnis, daß im Leben und im sakralen Raum alle Dinge an ihrem Platz sein sollen, war für mich das folgende Erlebnis.
Ich war Knabe auf einer Wallfahrt in einem Kloster. Eine Apsis der Klosterkirche war von einem modernen Künstler ausgemalt worden. Das Fresko sollte die Hölle darstellen. Im

Halbkreis standen dunkle Teufel mit Eberhauern und schön gewundenen Schwänzchen, und jeder trug eine Gestalt huckepack auf den Schultern. Ein Mann mit spitzem Bart stellte den Anarchismus, ein anderer den Kommunismus dar; er hatte Züge von Karl Marx. Leo Tolstoi fehlte auch nicht in diesem Reigen. Andere Figuren repräsentierten drastisch die sieben Todsünden. In der Mitte, im Vordergrund des Bildes stand ein gewaltiger Teufel, dessen dunkler nackter Hintern dem Betenden zugewandt war. Jede Hinterbacke hatte ein großes Auge, das den Beschauern streng und suggestiv betrachtete. Der mächtige Kuhschwanz lief am Ende in sieben kleinere Schwänzchen aus.

Ich stand fasziniert vor diesem mehr lustigen als schrecklichen Gemälde, als ein altes Mütterchen mit ihrem zehnjährigen Enkel herzutrat. Sie bekreuzigte und verbeugte sich ehrfürchtig vor dem Erzteufel, sie küßte ihn auf den Hintern und forderte ihren Enkel auf: »Wassenka, küß das liebe Gottchen aufs Schwänzchen!« Wassenka entsetzte sich: »Aber Babuschka, das ist doch gar nicht das liebe Gottchen, das ist doch der Unreine höchstpersönlich!« Da erschrak die alte Großmutter, bekreuzigte sich mehrmals und wischte sich mit Ekel die Lippen ab. »Ai, ai, welcher Hundesohn hat denn hier den Unreinen hingemalt, weiß er denn nicht, was sich gehört, der Halunke! Gott verzeih mir meine Blindheit!«

Das ist die Logik des archaischen Menschen. An dieser Stelle steht Gott. Wenn Er einen Schwanz hat, na, warum auch nicht?

Eines kalten Abends kam ich mit meinem Vater heim aus dem Theater. Vor dem Tore unseres Grundstücks sahen wir etwas Dunkles liegen. Es war ein zerlumpter Mensch. Mein Vater berührte ihn und fragte, warum er auf der kalten Erde liege. Gerade über ihm sei eine Bank. Er könne sich doch auf die Bank legen.

Der alte Mann schaute meinen Vater verächtlich an und sagte: »Du bist noch jung und dumm. Warum soll ich auf der Bank liegen, wenn ich hier auf der Mutter Erde liegen kann? Niedriger als die Erde ist nichts. Da kann man auch nicht hinunterfallen.« Und er drehte sich um zum Zeichen, daß er keine weitere Unterhaltung wünschte. Damals lachte ich über seine Dummheit, später begriff ich die tiefe Philosophie dieses Bettlers, der sich als ein Teil der Mutter Erde fühlte und sich in ihr geborgen wußte.

Immer steht die Ikone in der Mitte des Daseins des östlichen Christen. Sie ist ihm Bild und Abbild einer helleren, transparenten Welt, die hier auf Erden manchmal einer unter Millionen zu verwirklichen vermag, ein Heiliger, ein Yogi, ein Starez, der dann ebenfalls für die anderen, schwächeren Brüder zum Vorbild wird. Zum Starez und zu einer uralten wundertätigen Ikone pilgert der Orthodoxe Tausende von Kilometern, nur um ihn oder sie zu berühren, um den Segen zu erflehen. In der eigenen Wohnung lebt er ständig unter den großen strengen und zugleich verzeihenden Augen des Heilandes und der Mutter Gottes. Die allzumenschlichen Triebe und Affekte übermannen auch ihn. Aber unter dem Blick dieser Augen kann er nicht ganz böse und verderbt werden.

Durch die Ikone, die die Gegenwart göttlicher Kräfte symbolisiert, lebt der Mensch in einer fühlbaren Nähe Gottes. Er gibt sich willig in Seine Hand und er weiß sich demütig mit dem Kosmos und aller Kreatur verbunden, in die sein Schicksal eingeschlossen ist. Die Kirchen des Ostens sind bis in die jüngste Zeit hinein Zentralbauten. Der innere

Raum wird von einer Kuppel überwölbt. Vier Seitenräume bilden mit dem Kuppelraum ein Kreuz. Die Wölbung der Kuppel ist gleichsam die esoterische, die himmlische Sphäre. Im Osten steht der Altar, einem Tisch oder einem Sarkophag nachgebildet; auf ihm die heilige Geräte, der Kelch, die Monstranz, das Ciborium, das Evangelium, die Leuchter. Früher war dieser Raum, in dem sich ein großer Teil der heiligen Handlung vollzieht, vom Raum der Betenden durch einen Vorhang abgetrennt. Später wurde er durch eine Wand mit der mittleren »Königspforte« und zwei Seitentüren abgeschlossen. Rechts und links von der Königspforte wurden große Ikonen des Heilands und der Gottesgebärerin angebracht. Die beiden Flügel der Tür trugen die Ikonen der Verkündigung und der vier Evangelisten oder ihrer Symbole, des Engels, des Adlers, des Löwen und des Stieres. Diese vier Gestalten bilden zusammen das uralte Symbol der Sphinx. Das menschliche Antlitz der Sphinx bedeutet »Wissen«, die Pranken des Löwen »Wagen«, die Gestalt des Stieres »Wollen« und die zusammengefalteten Schwingen des Adlers »Schweigen«.
Die beiden Seitentüren tragen die Gestalten der Erzengel oder der heiligen Diakone, etwa des ersten christlichen Märtyrers Stephanus. Über der Königspforte ist die Darstellung des Abendmahls angebracht. Darüber, über die ganze Apsiswand, folgen in mehreren Reihen zuerst die Deisis, der thronende Heiland als Herrscher der Welt, umgeben von der Gottesmutter und Johannes dem Täufer, zu beiden Seiten Erzengel und Heilige, sich vor Christus verneigend. Über dieser Reihe befinden sich Ikonen, die sich auf die Festtage beziehen. Darüber im Zentrum die Muttergottes umgeben von Erzengeln und Propheten. Die oberste Reihe zeigt unsere Urväter. In der Mitte sind die drei Männer zu sehen, die zum Erzvater Abraham kamen. Sie sind als Engel dargestellt. Sie repräsentieren in der Ostkirche symbolisch die Heilige Dreifaltigkeit. Umgeben sind sie von Adam und Eva, Noah, Abraham, Isaak und Jakob.
In der Kuppel oder in der Apsisrunde ist meist in Mosaik oder auf Goldgrund der Christus Pantokrator dargestellt, der Allherrscher.
Jede architektonische Kleinigkeit, jeder Gegenstand, jede Farbe hat ihre verborgene symbolische Bedeutung. Nichts ist zufällig, nichts aus rein ästhetischen Gründen angebracht. Die Farben haben ihre Entsprechungen zu den Hierarchien, aber auch zu Seelenzuständen.
Gold, das im Kirchenraum vorherrscht – in der Kuppel, als Grund auf fast allen Ikonen, als metallende Verkleidung sowie an den kultischen Geräten, den Gewändern der Priester und Diakone –, repräsentiert den Himmel, die strahlende esoterische Welt.
Weiß ist die Farbe der Reinheit, der Verklärung, der Unschuld. Viele Märtyrer werden in weißen Gewändern dargestellt. Purpur geziemt den Kaisern und Königen. So erscheint Christus nicht als der Mensch Jesus, sondern als Weltenherrscher in Purpur oder im Rot der Fürsten, das zugleich die Farbe der Agape und der Charitas, der christlichen Liebe ist. Die Erzengel, als Botschafter Gottes, tragen ebenfalls rote Gewänder. Blau ist die Farbe des Himmels, der blauen Seen, der religiösen Hingabe. Gottvater wird meist in Blau dargestellt. Die Muttergottes ist in einen blauen Mantel gehüllt.
Grün ist die Farbe des Heiligen Geistes. »Siehe, ich mache alles neu!« Der Jünger Johannes trägt einen grünen Umhang. Braun, die Farbe der Erde, kennzeichnet das Materielle,

das irdisch Verhaftete, das Unerlöste. Die Teufel sind schwarz oder braun, und immer werden die Ureltern des Menschengeschlechtes, Adam und Eva, in braunen Gewändern gemalt. Ebenso die alttestamentlichen Könige, Richter und Propheten, zum Zeichen, daß sie noch nicht der Erlösung durch Christus teilhaftig wurden. So konnten die Millionen der christlichen Analphabeten der alten Welt allein an den Farben der Gewänder und an den Zeichen, die die Gestalten in den Händen oder an ihren Gewändern trugen, den Rang der dargestellten Personen erkennen. Diese Symbolik der Farben war allen Christen vertraut. Für die Andersgläubigen, die Außenstehenden hatten sie keinerlei Bedeutung.

DIE MALERMÖNCHE

Das Malen der Ikonen war seit Beginn der Klostergründungen im wesentlichen den Mönchen vorbehalten. Die Räume, in denen sie arbeiteten, waren ein Bezirk der Heiligkeit und des heiligen Tuns. Die Mönche wurden eigens dafür ausgewählt. Sie mußten nicht nur die begabtesten Maler sein, sondern auch die großen Beter, die Frommen, die Demütigen, die Begeisterten. In den Statuten des Stoglaw (1551) heißt es:
»Es geziemt dem Maler, friedlich, demütig und fromm zu sein. Kein Schwätzer und Spaßmacher soll er sein, noch streitsüchtig und gehässig, auch darf er kein Trinker oder Fresser oder gar Totschläger sein. Vielmehr hat er zu seinem Heile seelische und körperliche Reinheit zu wahren und unverheiratet und rein zu bleiben. Er hat seinen Beichtvater zu befragen und nach dessen Belehrung bei Fasten und Gebet und in Enthaltsamkeit und Demut ohne jede Ungehörigkeit und Schande zu leben und mit großem Eifer und Hingabe die Abbilder unseres Herrn Jesus Christi und seiner allerreinsten Gottesmutter, der heiligen Propheten und Apostel, der heiligen Märtyrer und seligen Frauen und der hohen Priester und seligen Väter darzustellen... Und wenn die jetzigen Meister geloben, so zu leben und alle diese Lehren zu beherzigen und in frommen Werken eifrig sind, so wird der Zar ihnen gnädig sein, und auch die Bischöfe werden für sie sorgen und sie mehr ehren als gewöhnliche Menschen.«
Ein Malermönch belehrt einen Novizen, wie er malen und die Farben anrühren soll: Er möge an einem wolkenlosen Morgen bei Sonnenaufgang singend und betend bei frohlockender Stimmung in den Stall gehen und ein frisch gelegtes Ei holen. Er soll bei trockener Luft, vor den Mund ein Tuch gelegt, das Eiweiß mit der Zinnoberfarbe verrühren. Währenddessen soll er vor sich hin das Lied singen: »Schmücke dich, frohlocke, freue dich, du Königstadt Jerusalem.« Nur so wird die Farbe bindende und leuchtende Eigenschaft haben. Das Eigelb soll er ganz vorsichtig von dem Eiweiß abtrennen und in der Hand rollen, bis alles Eiweiß weg ist, dann kann er es in ein Schälchen tun und dieses mit den erwünschten pulverisierten Erdfarben so verrühren, bis keine Rückstände bleiben. So entstehen dann die verschiedenen Malfarben.
Es gab zu jener Zeit keine Ölfarben, und so wurden Ölfarben auch nach ihrer Erfindung nicht im kirchlichen Rahmen gebraucht. Der Mönch muß alles zubereiten. Er muß auch

das Brett für die Ikone besorgen, das meist aus Zypressen- oder aber auch aus Buchenholz gefertigt wird. Es müssen möglichst harte und dauerhafte Hölzer sein. Der Mönch muß es zurechtschneiden, muß es lange trocknen lassen. Er muß Befestigungsmittel anbringen, das heißt Kerben schneiden und Hölzchen einfügen, damit das Bild sich später nicht wölbt, wenn es einmal feucht wird. Nun wird das Holz mit Leinen beklebt und mit einer Gipsfarbe bestrichen. Wiederum muß es dann lange und gut trocknen. Darauf wird es mit Öl oder mit Lackfarbe überzogen, und mit einem Griffel oder einem Elfenbeinstab wird schließlich die Darstellung hineingeritzt, so daß man die Ritzung sehen kann, also vertieft hineingeritzt. Nun muß es wieder trocknen, und dann endlich werden die Farben aufgetragen, vorsichtig, behutsam; sie müssen auch trocknen. Vielleicht wird das Ganze dann noch leicht abgeschmirgelt, um dann wieder Farben aufzutragen, andere Farben. Es kommt vor, daß fünf oder sechs Schichten von Farben auf dieselbe Stelle aufgetragen werden. Der Erfolg ist ein sehr merkwürdiger: Die Farben bekommen ein inneres Leuchten, sie bekommen eine Eigenschaft wie Perlmutter, weil eine Farbe, die sehr dünn aufgetragen ist, durch die andere hindurchleuchtet. Die Farben werden sehr selten miteinander gemischt, sie werden nebeneinander oder aufeinander aufgetragen. Malt man zum Beispiel etwas Helles, so kommt dies ganz zuletzt, wobei man ganz feine weiße Striche zeichnet, oder braune oder schwärzliche Striche, wenn etwas Dunkles zur Darstellung kommen soll. Es ist eine wundersame Methodik darin, und manche Bilder haben eine zauberhafte Kraft des Leuchtens und der Durchsichtigkeit. An diesem ätherischen Hauch kann man sich gar nicht sattsehen. Es gibt ein Gebet, das der Malermönch vor Beginn seiner Arbeit sprach:

»Du göttlicher Herr, von allem was da ist, erleuchte und erhelle meine Seele, das Herz und den Geist deines Dieners. Führe meine Hand, daß sie ehrwürdig und vollkommen dein Bild, das deiner allerreinsten Mutter und aller Heiligen beschreiben könne zu deinem Ruhm und zur Verherrlichung und Zierde deiner heiligen Kirche, zur Nachlassung der Sünden derer, welche dieselben verehren und mit Ehrfurcht begrüßen und auf deren Urbild die Erde übertragen.«

Die Meister sind so gut wie immer unbekannt. Aus Demut geben sie ihren Namen nicht preis. Einige allerdings wurden dennoch berühmt. So schrieb Polujekt Nikoforow am 3. September 1191 auf die Rückseite einer Ikone: »Dieses Bild habe ich mit dem Mund gemalt, weil ich keine Hände habe.« Weithin ist der große Andrej Rubljow (1370–1427) bekannt. Auch Simon Uschakow (1626–1686) und Feofan Grek (Theofan der Grieche, etwa 1330–1415) und einige andere sind es wert, bekannt zu sein, weil sie geradezu Übermenschliches gemalt haben. Zu ihnen pilgerten die Menschen, um bei ihnen Bilder zu bestellen. Aber die Ikonen der Namenlosen wurden genau so verehrt und mit Ehrfurcht nach Hause getragen. Bevor sie im Hause Aufnahme fanden, wurden sie in der Kirche vom Bischof oder vom Priester geweiht.

Für den östlichen Menschen ist jede Handlung eine sakrale Handlung und jeder Gedanke ein sakraler Gedanke. Er weiß, daß der Gedanke eine große Kraft hat, nicht nur die Kraft des Gebetes und der Meditation, sondern jede Kraft des Guten vermehrt das Gute, so wie aber auch jede Kraft des Bösen das Böse vermehrt. Und so weiß er, daß ein Tun wie das

Malen von Ikonen geheiligt wird durch ein Kontemplieren, durch Fröhlichkeit, durch das Singen von Hymnen, und daß die Kraft eines solchen Gebetes, einer solchen Gesinnung, einer solchen heiligmäßigen Handhabung in das Bild eindringt. So ist der Glaube verständlich, daß eine Ikone, die in solch geistiger Atmosphäre und aus solch geistiger Handlung gebildet wurde, auch selbst durchgeistigt sein muß. Alles dies, auch das Holz und die Malfarben und später die Silberverkleidung schaffen mit dem Bild eine Einheit. Von da aus strahlen die Kräfte über lange Zeiträume hinweg.

Ich habe in einem Antiquitätengeschäft ein winziges Bild des heiligen Seraphim von Sarow (1759–1833) gefunden und für wenige Pfennige erstanden. Es ist ein kleines Holzbild, wie man sie in Klöstern für drei oder fünf Kopeken an die armen Gläubigen vergab. Es ist nicht gemalt, es ist aufgeklebt, allerdings auch etwas geputzt, und der heilige Seraphim, einer der beliebtesten russischen Heiligen, ist darauf abgebildet. Dieses Bild wurde einem Soldaten von seiner Geliebten oder seiner Braut geschenkt, als er in den Krieg zog. Sie segnete ihn damit und schrieb darauf: »Bete zu ihm. Er wird dir helfen, wie er auch mir geholfen hat. Vergiß ihn nicht und vergiß mich nicht. Dein Spatz.«

Nun, der Soldat ist irgendwann gefallen, und irgend jemand hat dem Toten das Bild abgenommen, und auf irgendeinem Wege ist es in das Antiquitätengeschäft gekommen – und dann zu mir. Und ich bin glücklich, dieses Bild des Heiligen zu haben, dieses Pfand einer großen Liebe zu einem jungen Mann und zu Gott, Zeugnis eines tiefen Vertrauens in die Hilfe der himmlischen Mächte. Es ist kein Kunstwerk, es ist ein kleines Stück Holz. Es steht auf meinem Schreibtisch, und ich möchte es, solange ich lebe, nicht missen als einen Gruß aus meiner Heimat, als ein Pfand der Gläubigkeit meiner Mitmenschen.

Ora et labora. Das ist die Devise des mönchischen Lebens. Eingespannt in seine Askese, in eine kontinuierliche Übung, entsagt der Mönch allen leiblichen Freuden und Vergnügungen. Sein Leben ist Arbeit und Gebet. Vom Beginn des Christentums an bis ins hohe Mittelalter ging alle Kultur von den Klöstern aus. Sie gründeten Schulen für die Kinder, sie gründeten Universitäten, sie erforschten die Wunder der Erde, der Pflanzen, des Wachstums, der Witterung, der Sterne. Sie pflegten die fremden Sprachen und die Philosophien. Sie schrieben Geschichte, sie kopierten die Werke der Alten und sie illuminierten die Schriften. Aus ihrer Arbeit entstanden die herrlichsten gemalten Miniaturen und Stundenbücher. Es gab kein Gebet auf dieser Erde, auf dem nicht Mönche führend gewesen wären. Sie arbeiteten fortwährend. Der Schlaf war unterbrochen durch Andachten, durch Gottesdienste, durch innige Gebete. Der heilige Nilos von Sinai schrieb über das Gebet:

»Das Gebet ist eine Unterredung des Geistes mit Gott, das Gebet ist ein Zweig vom Baume der Sanftmut und der Zornlosigkeit. Das Gebet ist ein Erscheinen der Freude und Danksagung. Das Gebet ist die Heilung von Traurigkeit und Trägheit. Das Gebet ist ein Emporheben des Geistes zu Gott. Das gesammelte Beten ist höchstes Tun des Geistes. Der Zustand des Betens ist ein leidenschaftliches Geschehen, das durch die höchste Liebe den Weisheit liebenden und geistigen Sinn in himmlische Höhen entrückt. Wenn dein Geist vom Verlangen nach Gott entflammt, wahrlich vom Leib losgelöst und von allen Versuchungen, die aus der Sinnes- und Gedankenwelt kommen, behütet und nun von tiefer Ehrfurcht erfüllt ist, dann begreife, daß dein Geist sich dem Ganzen des Betens nähert.«

Und Johannes Thimäus sagt:

»Das Gebet ist seinem Wesen nach die Vereinigung der Seele mit Gott. Seine Wirkungen aber und Früchte sind Reinheit der Seele, Sammlung der inneren Kräfte, Versöhnung mit Gott, Tränen, Sühnung der Sünden, eine Brücke, die uns über Versuchungen hinwegführt. Schutzmauer gegen Trübsale, Beschwichtigungen der Kämpfe. Ein Engelswerk ist es, eine Speise der geistigen Wesen, die Freude der Ewigkeit, ein himmlisches Tun, eine Quelle der Tugenden, Schutz der Gnade, der geistige Fortschritt, seelische Nahrung, Erleuchtung, Ausschluß des Kleinmuts, eine Stütze unserer Zuversicht, ein Trost in der Trauer.«

Ein Zeitgenosse des heiligen Makarius des Ägypters schreibt über das Schweigen:

»O Schweigen und Stillesein, du bist die Mutter der Rührung und der Spiegel der Sünden. Du nötigst uns zur Buße, du lassest unsere Tränen fließen und unser Flehen aufwärtssteigen. Mit mir zusammen wohnt die Demut. Von dir wird die Seele hell, in dir lehren die Engel, aus dir kommt Sanftmut und Friede den Menschen. O Schweigen und Stillesein, du erleuchtest den Geist und erforschst die Gedanken und hilfst, das Heilige selbst zu lesen.«

Vom Danken sagt der heilige Isaak:

»Ein Mund, der immer dankt, empfängt den Segen des Herrn und die Gnade Gottes und senkt sich in das Herz, das in Dankbarkeit verharrt.«

Sehr früh trat im Osten das Herzensgebet in Erscheinung. Es ist das kürzeste Gebet der Kirche und das schönste. Der heilige Chrysostomos sagt bereits im 4. Jahrhundert:

»Der Mönch muß, ob er nun esse oder trinke, ob er sitze oder aufwarte, ob er unterwegs sei oder etwas tue, ohne Unterbruch sagen: ›Herr Jesus Christus, Sohn Gottes, erbarme dich meiner.‹ Ohne Unterlaß sollst du daher dem Namen Jesu anhaften, so daß dein Herz den Herren austrinkt und dein Herz damit zwei werden in einem.«

Der heilige Diadochus spricht über das Christusgebet:

»Wer allzeit seinem Herzen einwohnt, tritt ganz aus dem Zeitfluß des Lebens hinaus. Er wandelt im Geiste und kennt die Begierden des Fleisches gar nicht. Und da er die Tugenden zur Schutzwehr seiner Schritte gemacht hat, werden sie gleichsam zur Beschützerin seines ganzen reinen Lebens.«

Und der heilige Basilius sagt dazu:

»Eine unbeschreibliche Kraft der Bilder war in ihnen, daß sie einen reinen und nicht zerstreuten Geist hatten, so daß sogar der Ton des Wortes Gottes in ihnen war.«

Der heilige Wanderer Grigori Skoworoda, gest. 1794, schildert sein Erlebnis der Unio mystica:

»Ein Strom von unaussprechlicher Seligkeit erfüllte meine Seele, mein ganzes Inneres entbrannte wie im Feuer, und es schien mir als ob ein Feuerstrahl in meinen Adern kreiste. Ich fing an, nicht zu gehen, sondern zu laufen, wie getragen von einem wunderbaren Entzücken, ohne meine Hände und Füße zu fühlen, als ob ich gänzlich aus Flammensubstanz gebildet wäre, getragen im kreisläufigen Raum, die ganze Welt verschwand vor mir,

nur das Gefühl der Ruhe, der Zuversichtlichkeit, der Ewigkeit, belebte mein Dasein. Tränen ergossen sich stromweise aus meinen Augen und verbreiteten eine harmonische Rührung durch mein ganzes Wesen. Ich sank in mich selbst zurück, empfand etwas wie eine Zusicherung kindlicher Liebe, und ich habe mich seit dieser Stunde geweiht zu kindlichem Gehorsam dem Geiste Gottes.«
In solcher heiligmäßigen Versenkung und Meditation und Freude malten die Ikonenmaler ihre Bilder. Zunächst malten sie alleine, dann gab es aber auch Malschulen in den Klöstern, aber es herrschte Schweigen, und man spürte die Liebe und die Hingabe und die Konzentration, die aus diesen Mönchen aus der Hand in das Holzstück strömte, um ein schönes andachtsvolles, geliebtes Ikonenbild zu machen.
Mein Urgroßonkel, der Religionsphilosoph Iwan Kirejewski (1806–1865), beschreibt einen Besuch der Kapelle Iwerskaja der Muttergottes vor den Toren des Kremls in Moskau. Vor ihr beteten ungezählte Kranke, Leidende, Depressive, geistig Gestörte, Epileptiker, es ist eine sehr seltsame Atmosphäre um dieses Bild. Wie oft ging ich dorthin und schaute dieses schwarze Antlitz mit weißen Augäpfeln an und versenkte mich in dankbares Gebet. Er schreibt:
»Ich stand einmal in der Kapelle der Iberischen Muttergottes zu Moskau, schaute das wundertätige Bild der Muttergottes an und dachte nach über den kindlichen Glauben des Volkes, das vor ihm betete. Einige Frauen und Greise knieten, schlugen das Kreuz und verbeugten sich tief. Mit großem Vertrauen schaute ich auf die heiligen Züge, und nach und nach wurde mir das Geheimnis dieser wunderbaren Kraft klar. Ja, es ist nicht nur ein Holzbrett mit einem Bildnis... Ganze Jahrhunderte sog die Ikone Ströme von leidenschaftlichen Aufwallungen des Herzens auf, von Gebeten trauernder, unglücklicher Menschen. Sie mußte sich füllen mit der Kraft, die aus ihnen strömt... Sie wurde zu einem lebendigen Organ, zu einer Begegnungsstätte zwischen dem Schöpfer und Geschöpf... Da fiel ich auf die Knie und betete demütig vor ihr.«
Ein anderer großer Beter, Theodor Studita, betet vor der Muttergottes:
»Da ich im Bild Dich schaue, Du Mutter meines Herrn, trete ich mit Furcht und Sehnsucht hin, um Dich zu küssen. So reiche Gnade ward in Wahrheit Dir zuteil, daß selbst Dein Bild von Wunderwirkung überfließt.«
Himmlische Worte spricht Simeon der Jüngere, der Theologe (960–1022):
»Du bist ein flutend Feuer, ein erquickend Wasser, verzehrest und fließest doch von Wonne über und befreist von Verderbnis. Menschen machst Du zu Göttern, die Finsternis zum Lichte, führest aus der Unterwelt zurück, beschenkst die Toten mit Unvergänglichkeit, führest aus der Finsternis zum Licht. Schließest die Türe der Nacht mit Deiner Hand, umgibst das Herz mit Lichtschimmer, wandelst mich gänzlich um, verbindest mit Menschen Dich, machst sie zu Göttern, entflammst sie mit Deiner Liebe, Deiner Kindschaft, Deiner Gnade durch den Geist, vereinst als Gott auf wunderbare Weise das von Dir Getrennte.«

INHALT UND SYMBOL DER IKONE

Das sind nur kleine Bruchstücke von Aussagen aus vielen Jahrhunderten, aber ihnen allen eignet die Beglückung, eignet der Enthusiasmus (en theos = in Gott sein). Man kann sich vorstellen, wie in diesem religiösen Raum des Klosters und der Kirche und der Malstube und der Schreibstube und des Lazaretts und der Kinderschule, wie jene Erfülltheit mit Gott auf die anderen Menschen wirkte. Und so ist diese Ikone, die seit dem 4. Jahrhundert mit einer kurzen Unterbrechung der Ikonoklasten im 6. und 7. Jahrhundert, welche die Länder des Christentums beflügelte und beglückte. Als später, fast 1000 Jahre nach Christi Lebzeiten, neue Christen hinzukamen, die Russen, die Bulgaren, die Serben, so viele andere, kam die gleiche seelische Stimmung in ihnen auf, und bei ihnen wurden wieder Kirchen gebaut, wieder Kirchenräume ausgemalt und ausgeschmückt, und es wurden wieder Ikonen gemalt und alle nach dem gleichen alten Kanon mit den gleichen Farben, mit der gleichen Technik.

Es hängt mit dem primär geistigen und nicht künstlerischen Ursprung der Ikone zusammen, daß sich Aufbau und Anordnung der einzelnen Darstellungen im wesentlichen in all den Jahrhunderten nicht verändert haben. Wohl gab es gewisse Abhängigkeiten oder gewisse Moden. So wurde beispielsweise bei den alten Ikonen Gott nicht dargestellt. Seine Gegenwart wurde gekennzeichnet durch eine segnende oder lehrende Hand, die durch die Wolken durchbrach in der rechten Ecke des Bildes. Erst durch den Einfluß der westeuropäischen Barockzeit kamen Darstellungen von Gottvater hinzu. Das sind nur Kleinigkeiten. Man kann daraus vielleicht die Zeit der Entstehung der Ikone ablesen, aber im wesentlichen ist die Struktur bis in unsere Gegenwart immer gleich geblieben. Es ist etwas sehr Merkwürdiges zu verzeichnen. Man weiß, daß Christus ein Jude aus Galiläa war, daß er ohne Geld lebte, daß er wanderte, daß er predigte, daß er Wunder vollzog, daß er die Menschen liebte, daß jeder sich in seiner Gegenwart erhoben und beglückt fühlte. Aber die Ikonographie schildert das alles ganz anders. Allerdings hat sie das Protokoll des Imperatorenhofes von Byzanz zum Vorbild. Alle Gestalten – Christus, die Muttergottes, die Apostel und die Heiligen – sind in die Sphäre des höchsten Adels erhoben. Und so werden Gewandung und Dekor aus dem kaiserlichen Protokoll entnommen. Die Räume sind Paläste, Christus und die Muttergottes sind nicht einfache Menschen, sie sind fürstliche oder königliche Gestalten. Sie tragen ein königliches Gewand, sie sitzen auf einem Thron, auf einem Thron aus jener Zeit, ausgepolstert mit kostbaren Kissen, die Füße ruhen auf einem Bänkchen. Es war damals an der Ordnung, daß der Kaiser oder die Kaiserin mit ihren Schuhen nicht den einfachen Boden betreten sollten. Dasselbe galt auch für den Bischof oder den Patriarchen. Für ihn wurden runde Teppiche mit dem byzantinischen Doppeladler gewebt oder gestickt, und sie wurden vor seine Füße gesetzt, wenn er irgendwo ging. Oder es wurde das älteste Symbol der Verehrung, ein roter Teppich, ausgelegt, ein Brauch, der schon aus babylonischen und noch älteren Zeiten stammt. Das alles sahen wir in der Ikone. Wenn der Engel Gabriel zur Allerheiligsten Jungfrau Maria kommt, um ihr die Geburt Christi zu verkündigen, sitzt sie auf einem Thron, und er tritt nicht wie eine durchsichtige, esoterische Gestalt auf, sondern als ein Fürst oder königlicher Bote, angetan mit den schönsten Gewändern jener Zeit. In der Hand den Stab des Botschafters, tritt er vor sie hin in größter Ehrfurcht und verkündigt ihr die Frohbotschaft. Die Umgebung ist auch sehr charakteristisch. In dem Bild wird immer rechts und links jeweils ein Stück von einem Gebäude dargestellt. Das linke zeigt den alten Jerusalemer Tempel und das rechte die neue christliche Kirche. Und von dem Tempel von Jerusalem weht ein roter Vorhang, weht bis zu der christlichen Kirche. Die früheren Kunsthistoriker, die sehr wenig von der Symbolik verstanden und vielmehr künstlerisch und kunsthistorisch gedacht haben, beschrieben das als eine ganz interessante Umrahmung, Umrahmung der Ikone, die dann durch diese beiden Säulen oder Gebäude oben einen Abschluß durch den roten Vorhang bekam. Nun, das klingt sehr schön, aber es war nicht so. Es war dies die Vorstellung von dem Vorhang im Tempel, der in der Stunde von Christi Kreuzigung im Sturm zerriß. Dieser zerrissene Teil des Vorhangs, der also für den Tempel nicht mehr zeitgemäß war, wehte nun hinüber in das neue Christentum. Und in dieser neuen Kirche auf der rechten Seite des Bildes ist immer ein Baum dargestellt, ein junger, kleiner, unregelmäßiger Baum, der Baum des Lebens. Das ist das neue Christentum. Das ist der Geist Gottes, der aus dem neuen Christentum strömt, symbolisiert durch den lebendigen, grünenden Baum. In entsprechenden Protokollen sind auch die fürstlichen Gestalten Christi und der Apostel durchaus gekennzeichnet. Christus ist angetan in purpurrot, wie es dem Kaiser geziemt, Mutter Maria hat einen blauen Umhang an, und an ihrem Tuch sind drei achteckige Sterne, die Sterne Jakobs, der vorausehend schon die Ankunft Christi verkündet. Sie sind bei ihr je auf einer Schulter und einer auf dem Kopf. Gleichzeitig weisen sie auf die Heilige Dreifaltigkeit hin.

Dann begegnen wir wunderbaren Szenen, der Verherrlichung Christi. Sei es in seiner Todesqual am Kreuz, sei es bei dem Ereignis am Jordan, als er von Johannes dem Prodromos, dem Vorläufer, getauft wird. Er steht im Wasser und Johannes steht über ihm und gießt Wasser vom Jordan auf sein Haupt. Darüber schwebt die Taube, die den Heiligen Geist repräsentiert: »Das ist mein geliebter Sohn.« Aber an den Seiten, meistens an der rechten Seite, manchmal an beiden Seiten, stehen die dienenden Engel. Drei oder auch mehr in einer typisch östlichen demütigen und doch freien Verbeugung gegen den Herrn. Was einem auffällt, ist, daß diese Engel wunderbare Gewänder tragen, mit sehr langen Ärmeln, die die Hände verdecken. Das ist eine symbolische Darstellung. Christus ist der Herr des Lebens, der Auferstandene, der uns die Gnade des ewigen Lebens und des Paradieses wiedergeschenkt hat. Er ist aber auch das Gefäß der heiligen Kommunion. In der Kommunion werden Wein und Brot dargereicht. Und es ist eine alte Sitte, daß der Priester, der die Kommunion darreicht, dies Gefäß und auch die Patene mit dem Brot nicht mit den bloßen Händen anfassen darf. Er muß entweder bestimmte gesegnete Handschuhe tragen, oder er muß das Gefäß und das Brot mit einem Tuch anfassen. Hier ist Christus also als das heilige Sakrament dargestellt. So ist es selbstverständlich, daß die dienenden Engel, die die Funktion der Priester haben, auch nicht mit entblößten Händen vor ihn treten dürfen.

Dem aufmerksamen Betrachter fällt noch etwas an den Ikonen auf. Die Heiligen und Christus tragen eine Art Tunika, ein Gewand, das von der einen Schulter lose herabhängt. Sehr oft sehen wir, daß sich dieses Gewand im Winde aufbläht oder daß es im Winde weht. Man nennt das den »pneumatischen Zipfel«, den Zipfel des Heiligen Geistes. Er wird immer dann dargestellt, wenn etwas Ungeheures, wenn etwas Besonderes geschieht. So bringt bei der Verkündigung (Abb. 6) der Erzengel Gabriel in würdiger Haltung der thronenden Maria die große Botschaft. Der pneumatische Zipfel weht. Das heißt: »Und Gott spricht.« Auch der heilige Georg auf dem Pferd hat einen solchen Zipfel; die Apostel, die auf dem Berg Tabor bei der Begegnung Christi mit Moses und Elias dargestellt sind, tragen Gewänder mit wehenden Zipfeln; ebenso die Jünger, die der Himmelfahrt Christi zusehen. Jedes Mal ist eine Dramatisierung des Ereignisses gemeint. Wenn wir den pneumatischen Zipfel sehen, wissen wir: Hier ist ein großartiges, göttliches Geschehen im Bilde festgehalten.

Der Abendmahlskelch spielt in der Ikonographie eine sehr große Rolle. Wir sehen ihn an Stellen, wo wir ihn gar nicht vermuten würden. So sind bei der Darstellung der Geburt Jesu im unteren rechten Bild meistens der alte hundertjährige Simeon und die Hebamme zu erkennen. Vor ihnen steht ein großer breiter Kelch, in dem das Kind gebadet wird, was auch als ein Hinweis auf die spätere Taufe Christi aufzufassen ist. Dieser Kelch ist also kein Topf und kein einfaches Gefäß, sondern ein ausgesprochener Kelch. Er symbolisiert zweierlei: Zum einen weist er hin auf Christus als den Gott, der sein Wesen auf die Menschen ausgießt. Gleichzeitig ist er aber auch das Symbol für den christlichen Menschen: Dieser ist das Gefäß zur Aufnahme der Gnade Christi.

Einen Kelch sehen wir auch auf dem wunderbaren Bild von Andrej Rubljow mit den drei Männern, die im Hain Mamre zu Abraham kommen. Dargestellt sind drei Engel, nicht drei Männer, wie es in der Bibel eindeutig heißt, sondern drei fürstliche Engel, jeder mit dem fürstlichen Stab. Sie sitzen an dem Altartisch, und in der Mitte vor ihnen steht ein Kelch. Es gibt sogar Abbildungen, in denen in dem Kelch noch ein Kind dargestellt ist: der vorausgesagte Christus! Auch hier ist wieder der Hinweis auf das Ereignis von Golgatha eingeschlossen, auf das letzte Abendmahl und auf das Auffangen von Christi Blut im Kelch durch Joseph von Arimathea.

Beim Abendmahl sehen wir denselben Kelch, und es ist bezeichnend, daß darin nicht das gebratene Lamm liegt, sondern die Fische, Symbol für Christus.

Es ist ganz deutlich, daß sich in dem Darsteller dieser Bilder innere Prozesse vollziehen, die sich auf den Betrachter übertragen. Es wird nicht genau ein Ereignis aus der Bibel im Bild festgehalten, vielmehr werden deren Inhalte symbolhaft, vorausschauend, überschauend in die Welt transformiert, die dem Maler und seinem Denken eigen ist. Es ist eine mystische Welt, die alles umfaßt. Und jeder einfache Mensch, jeder Bauer oder Arbeiter, nimmt die Botschaft fraglos hin. Denn er weiß um die Inhalte dieser Symbolik. Nichts stört ihn, genausowenig, daß die drei Männer Engel sind. Ganz deutlich heißt es in der Bibel: »Da standen drei Männer vor ihm...« Aber diese Männer wurden als Gottesboten angesehen, und Gottesboten sind Angeloi, sind Engel. Darum werden sie auch als solche dargestellt.

Auf den Ikonen spielt auch die Unterwelt eine Rolle, besonders wenn Landschaften dargestellt sind. Häufig sehen wir in einer dürren, felsigen Landschaft tiefe schwarze Spalten: die Öffnungen zur Unterwelt, oder man kann auch sagen zur Hölle. Es ist der Ort, wo die Verstorbenen ein dumpfes Dasein fristen in Erwartung des jüngsten Gerichtes. In dem berühmten und sehr häufig gemalten Bild der Auferstehung Christi sieht man ihn über diese Spalte auf einem leuchtenden Kreuz stehen und die armen Seelen zu sich heraufholen. Die ersten sind Adam und Eva, die Urelten, es folgen die Propheten und die Könige David und Salomo und alle, die aus diesem Zustand des Halbschlafes, der Gebundenheit hinaustreten dürfen in eine Welt der Befreiung und Erlösung.

Eine geheimnisvolle Rolle im Ikonenbild spielt das Sudorium. Es ist ein Tuch, in das der Leichnam Christi, mit Salben eingerieben, gewickelt worden war und in dem die Spuren seines Antlitzes und seines Leibes verblieben sind. Im Evangelium über die Kreuzigung und Grablegung wird geschildert, daß der Leichnam, nachdem er von den Frauen gesalbt worden war, in dieses Tuch gewickelt wurde, um dann im Grab versenkt zu werden. Drei Tage später fanden die Frauen das Grab leer. Fein zusammengefaltet lag dort das Sudorium. Es soll lange in Kappadozien verehrt worden sein. Später kam es in die Kapelle von Schloß Blacherna in Konstantinopel. Während der Kreuzzüge soll das große Heiligtum der Christenheit geraubt worden sein, tauchte aber später in Frankreich auf. Heute befindet es sich unter dem Namen »Turiner Grabtuch« in Turin. Zahlreiche Chemiker, Physiker, Mediziner und Theologen beschäftigten sich mit diesem Tuch. Aufgrund der Forschungsergebnisse wird es immer wahrscheinlicher, daß es sich tatsächlich um das echte Grablinnen handelt. Die darin erkennbare Zeichnung ist offenbar nicht von Hand gemalt, sondern ein Prozeß der Amalgierung von Schweiß und Blut und klimatischen Einflüssen, die auf dem Tuch vorne und hinten die Gestalt eines toten Mannes von einer ungeheuren, heiligen Ehrwürdigkeit zeigen. Dieses Sudorium spielt dann in der Ikonographie eine große Rolle.

So sieht man auch auf Geburtsdarstellungen das Christuskind in der Krippe liegen, eingewickelt in ein Tuch, das aber eigentlich ein Sudorium ist. Den Ereignissen wieder vorausgreifend, ist das Kind bereits in sein zukünftiges Schicksal gestellt, eingehüllt in das Leichentuch. Zuweilen sieht man das Sudorium – wie bei der Anbetung der Könige – aus der Krippe herabhängen und über dem Boden liegen, wie es gar nicht der Umhüllung für ein kleines Kind dienen kann.

Das Hauptmotiv der Ikonendarstellung ist der Christus. Immer wiederkehrend ist das Bild, das sein Antlitz auf dem Hintergrund eines Tuches zeigt, das Mandylion nach dem erwähnten Bild von Edessa.

In den übrigen Darstellungen ist Christus immer und in jeder Situation der König der Welt, auch am Kreuz. Selbst dort hängt er nicht, er thront vielmehr in majestätischer Haltung, mit zum Segen ausgebreiteten Armen.

Die häufigste Darstellung Christi ist die des Pantokrator, des Allherrschers. Er hat die rechte Hand segnend erhoben, während die linke das Evangelium hält.

Reich sind die Bilder der Muttergottes. Im 5. Jahrhundert kam die Verehrung der Theotokos auf, der Gottesgebärerin, die bald eine zentrale Stellung einnahm. Ungezählte wunderbare Bilder wurden geschaffen, eines soll der Apostel Lukas gemalt haben. Es gibt die Glykophilusa, die Süßliebende, die Mitleidige, die Helfende, die Fürbittende. Alle zeigen die Muttergottes mit dem Kind. Es hat die Größe eines Kindes, aber den reifen, ernsten Gesichtsausdruck eines Erwachsenen. Oft hält es die rechte Hand mahnend und lehrend nach oben, während die linke die Rolle des Neuen Testamentes, der frohen Botschaft, umschließt. In seinen Heiligenschein sind ein Kreuz und das Alpha und das Omega – der Anfang und das Ende – eingezeichnet. Der Christus im Jesus ist in diesen Mutter-Kind-Bildern schon vorweggenommen.

Manche Bilder zeigen das Kind in inniger Umarmung mit der Mutter. Es schmiegt seine Wange an die ihre und hat den Arm um ihren Hals gelegt, oft ist sein Händchen hinter ihrem Nacken zu erkennen. Eine besondere Technik diente dazu, den Leib des Christuskindes zu verklären. Der Goldgrund der Ikone schimmerte durch den Christusleib hindurch. Das Kleid wurde mit dünnen roten und weißen Strichen auf das Gold aufgetragen. Vor den Ikonen brennen in den Kirchen unzählige, von den Gläubigen angezündete Kerzen. Ihr Licht wird vom Gold reflektiert, und so entsteht das mystische Erlebnis, daß der Leib Christi leuchtet. Er wird ganz unleiblich und transparent. In der westlichen Welt, die dem individuellen Drang die Freiheit läßt, erleben wir oft eine seltsame Abkehr von diesem Symbol. Da wird diese Technik bei der Darstellung der Muttergottes angewandt, während das Christuskind in Weiß oder Rot gekleidet ist. Es ist ein herrliches Bild, aber die geheiligten, mystischen Akzente sind verlagert.

Der Erzengel nimmt in der Ikonendarstellung einen mächtigen Raum ein. Er ist immer der Botschafter Gottes, eine erhabene Gestalt, gehüllt in fürstliche oder hohepriesterliche Gewänder, mit einem langen Stab, der auf der Spitze einen Stern trägt.

Heilige und ihr Leben spielen ebenfalls eine bedeutende Rolle in der Ikonenmalerei. Aus dem Alten Testament sind es vor allem die Gestalten der Urväter und der Propheten. So wird häufig der Prophet Elias gezeigt, der bei den östlichen Völkern das Patronat über das Wetter innehatte. In der Darstellung seiner Himmelfahrt im feurigen Wagen sah man wohl Hinweise des Alten Testamentes auf die Eucharistie und auf die Himmelfahrt Christi.

Von den Gestalten des Neuen Testamentes sind neben Johannes dem Täufer vor allem die Apostel häufig gemalt worden. Bei der Darstellung der übrigen im Lande hochverehrten Heiligen werden oft besondere Taten aus ihrem Leben und Wirken hervorgehoben.

DIE BEZIEHUNG DES MENSCHEN ZUR IKONE

Der östliche Christ ist undenkbar ohne seine Ikone. Sie ist schicksalsmäßig mit ihm verbunden. Sie ist seine Behüterin, seine Fürbitterin, seine Begleiterin. Er lebt mit ihr. Sie hängt über seinem Bett oder steht als Faltaltärchen auf seinem Nachttisch. Geht er auf Reisen, ist das Wichtigste, was er mitnimmt, seine Ikone. Es gibt spezielle Jahresikonen aus Kupfer oder Bronze oder aus bemaltem Holz, die vierfach zusammengeklappt werden können. Darauf sind alle wesentlichen Ereignisse aus der Geschichte des Christentums, alle Feiertage aufgemalt oder aufgeprägt. So kann sich der Mensch zu jeder Jahreszeit und an jedem bestimmten Tag seiner Ikone zuwenden.

Als ich nach Deutschland ins Exil kam, fehlte mir dies alles. Einige Ikonen hatte ich mitgenommen, aber ich hatte keine orthodoxe Kirche.

Als ich in Bonn Medizin studierte, ging ich fast täglich auf dem Weg zur Universität in das ehrwürdige alte Münster, weil ich mich dort etwas zu Hause fühlte. An einer Säule war das »Muttergottesbild der immerwährenden Hilfe« angebracht, das wahrscheinlich von dem großen italienischen Meister Cimabue stammte. Er war noch ein Anhänger der byzantinischen Kunstrichtung gewesen, und so fand ich in dem Bild alles, was mir zu Hause die Ikone gegeben hatte.

Als ich einmal beruhigt und verklärt aus dem Dom trat, begegnete ich meinem Professor für Physiologie, einem netten, aufgeschlossenen Mann. Wir begrüßten einander. Am nächsten Tag jedoch winkte er mich zu sich und sagte: »Sag mal, Mensch, ich habe Sie aus dem Münster kommen sehen. Was macht ein Mediziner im Münster?«

Ich lächelte und sagte: »Was macht er? Er betet.« Sagt er: »Mensch, das ist doch nicht möglich. Wir sind Wissenschaftler. Sie sind Mediziner und gehen in die Kirche und beten?« – »Ja«, sagte ich, »das tue ich, und das werde ich sicherlich immer weiter tun, und ich werde deshalb kein schlechter Mediziner sein.«

Es war damals die Zeit, in der die Intellektuellen glaubten, es sei schick, atheistisch zu sein, und sie hatten gar kein Verständnis für die religiösen Beziehungen eines Menschen. Das war für sie schlicht eine Borniertheit. Das hat sich erst mehr als fünfzig Jahre später wieder geändert.

Mir blieb die Ikone mein Leben lang treu, und ich blieb ihr treu. Ganz selbstverständlich trug ich auf meiner Brust das Kreuz sowie Medaillons von Heiligen. Auf Reisen ließ ich mich von einer Ikone begleiten, und im Studium und bei allen wichtigen Angelegenheiten des Daseins hätte ich niemals auf die Nähe einer Ikone verzichtet.

Als ich ins Staatsexamen ging, steckte ich eine kleine kupferne Ikone der Muttergottes in meine Innentasche und bat sie, mit dabei zu sein, mir Mut zu geben, mir Ruhe zu geben, mir die Gegenwart des Geistes zu geben und mir die Gewogenheit meiner Prüfer zu schenken. Natürlich hatte ich mich für das Examen gut und ordentlich vorbereitet, ich hatte mein Pensum gelernt, niemals auf den Schlaf verzichtet. Vor dem Examen dann gab ich mich dem gnädigen Schicksal hin, und so ging ich in die Prüfung. Nie habe ich daran gedacht – wie so viele – die Professoren für giftig oder bösartig zu halten oder zu meinen, daß sie mich nicht mochten. Das lag mir fern. Willig stand ich ihren Fragen gegenüber, und ich schaffte es. Ich bekam eine gute Note. Das erste, was ich machte, als ich den Saal verlassen hatte, war, die Ikone zu küssen. Voller Dankbarkeit. Das hatte sie auch verdient. Denn in meiner Gesinnung war es nicht so, daß ich, der phantastische Mensch, das Examen nun gut gemacht hätte, weil ich so gut vorbereitet war, sondern all die mißlichen Umstände, die hätten eintreten können: eine schlechte Laune des Professors, eine Antipathie, die Zusammenstellung der Prüflinge, die Auswahl der Aufgaben, die hätten wider mich sein können, all dies zählte ja mit im Examen. Und ich wußte, daß mir die Muttergottes geholfen hatte, daß keinerlei derartige Schwierigkeiten eintraten und daß ich auch die Angst überwand.

So kam ich selig nach Hause zu meiner Pflegemutter, und sie fragte: »Wie war es?« – »Na«, sagte ich, »wie soll es gewesen sein. Die Muttergottes war bei mir; sie hat alles Notwendige geregelt!«

Und sie haben gelacht, aber sie haben es verstanden. Wir wußten, was gemeint war.

Das ist charakteristisch für den östlichen Menschen: dieses Sich-Hingeben an eine höhere Macht und sei es, daß diese Macht repräsentiert wird in einem kleinen Bild oder Metallgegenstand, geweiht von einem Bischof. Er ist dieser unsichtbare Faden, der von dem kleinen Menschen, dem Menschlein, zu Gott führt. Hält er sich an diesem Faden fest, dann bekommt dieser die Kraft eines Seiles.

Für den östlichen Menschen sind Christus und die Zeit, in der er lebte, die Ereignisse, die um ihn geschahen, keine Vergangenheit, keine Legende, sondern sie sind Gegenwart. Jeden Tag und vor allem jeden Sonntag feiert er die immerwährende Gegenwart Christi und der Heiligen in der Liturgie der Kirche. Dort wird alles durch Wort und Gesang und Gebärde geschildert, was vor 2000 Jahren geschehen ist und wird dadurch gegenwärtig. Jedes Mal geht der Mensch nach der Teilnahme an der Kommunion nach dem Küssen des Kreuzes, nach dem Empfangen des Segens heim, so, als ob er die Tür aus der unendlichen Vergangenheit in die Gegenwart aufmachte und hindurchspazierte.

Das höchste aller Feste ist für den östlichen Christen das Osterfest, die Feier des Leidens Christi und Seiner Auferstehung. In der Passionszeit fastet und betet er 40 Tage lang. Natürlich ist er wie jeder andere Mensch auch kein Asket und hat durchaus irdische Bedürfnisse und Gelüste, aber dieses Fasten ist ihm so ernst, daß er es willig auf sich nimmt, ohne zu murren und ohne sich selbst zu bedauern. Er trägt es vielmehr mit großer Fassung und Heiterkeit.

Auch wir Kinder, die wir ziemlich verzogen waren, haben immer in dieser Heiligkeit gefastet. Und wenn wir sonst zuweilen maulten, weil uns der Spinat oder sonst etwas nicht schmeckte, in diesen 40 Tagen gab es niemals ein Aufmucken. Man brachte dieses Fasten dem Christus hin wie eine Gabe des Opfers. Man war auch nicht stolz darauf, daß man sich überwand. Es war einfach eine Selbstverständlichkeit, ein Sich-Einreihen in das gewaltige, ungeheure Geschehen jener vergangenen Zeit, das somit als Gegenwart erlebt wurde.

Im Neuen Testament wird von den beiden Jüngern berichtet, die nach dem Tode ihres Herrn aus Angst vor Verfolgung, vor Verhaftung und Tod von Jerusalem weg nach Emmaus gingen. Unterwegs redeten sie von dem Unbegreiflichen, das geschehen war, und da gesellte sich ein Dritter zu ihnen und ging mit ihnen, und sie erzählten ihm alles. Und als es Abend wurde, baten sie ihn, mit ihnen gemeinsam in eine Herberge zu gehen. Dort saßen sie beieinander und als das Essen vor ihnen niedergesetzt wurde, nahm er das Brot und brach es, und an der Bewegung seiner Hände erkannten sie plötzlich, daß es der Herr war, der unter ihnen weilte, und alles wurde anders, alles wurde gut, und alles wurde wunderbar. Dieses Bild der Jünger von Emmaus lebt ganz stark in jedem östlichen Christen, denn so, wie diese Jünger zwei Stunden mit einem Unbekannten gewandert waren, ohne zu erkennen, daß es Christus war, so glaubten sie, daß er jederzeit auch unter ihnen sein kann. Hat er doch einmal gesagt: »Siehe, ich bin bei euch alle Tage bis an der Welt Ende.« Das ist eines der wichtigsten Worte, die Er gesagt hat, denn der östliche Christ weiß: Er ist da. Er ist wirklich da. Sie werden Ihn nicht erkennen, weil Er nicht so aussieht, wie sie Ihn sich vorstellen, aber wenn sie in ihre Seele lauschen, dann werden sie erkennen, wenn Er da ist. Und das ist eine der schönsten Eigenschaften des Christen: Nicht zu wissen, wann der Herr zu ihnen kommt, aber Ihn immer zu erwarten. Es könnte doch geschehen, daß sie Ihn plötzlich neben sich erkennen. Und davon lebt der Mensch. Als die russischen Bauern in früheren Zeiten noch aus einer großen Schüssel gemeinsam das Essen löffelten, wurden stets auf den Tisch zwei oder drei Löffel mehr gelegt. Für den Gast. Der Gast, der vielleicht kommen würde. Der Gast aber könnte auch der Christus sein. Der östliche Mensch ehrt seinen Gast, empfängt ihn freundlich und bietet ihm an, was er kann. Von der Erwartung des Herrn ist seine ganze Haltung durchdrungen.

So erlebt er auch ganz stark die Woche des Leidens Christi, Seine Erniedrigungen, Seine Verleumdungen und schließlich Seinen Tod.

Mit allen Fasern seines Herzens durchlebt der Russe diese Tage und bereitete sich in vielfacher Weise auf die Stunde der Auferstehung vor. Er fastet nicht nur, er freut sich auch auf den Tag des Frohlockens.

So werden die köstlichen Speisen gerichtet, die Eier werden in herrlichen, heiteren Farben gefärbt, der Osterkuchen wird gebacken, Fleisch und Würste werden bereitet. Sicher wird er hungrig bei diesen Düften, bei diesem Anblick, doch er hält sich zurück. Die Freude auf das, was geschehen wird, ist größer als das leibliche Begehren. Die Zeit des Wartens muß ganz durchgestanden werden.

Endlich ist der Ostersamstag da. Man geht in die Kirche und legt die Eier, den Kuchen und die würzigen Speisen auf lange, lange Tische, damit der Bischof oder der Priester sie segnen und weihen kann. Dann gehen die Menschen an die Gräber ihrer Verstorbenen und bringen ihnen farbige Eier als Gewähr für die Auferstehung und für das ewige Leben. Unter die Armen werden Speisen verteilt. Und dann stehen sie, von acht oder neun Uhr abends an, alle dicht gedrängt in der Kirche, wo all das erzählt und gesungen wird, was in diesen Tagen geschehen ist. In der Mitte der Kirche sieht man die Plaschtschaniza, das Grablinnen, in das der Leib Christi gelegt wurde, auf einer Art Grabmal liegen. Kurz vor Mitternacht kommen die Geistlichen heraus zu dem Grablinnen (es ist dem Turiner Grabtuch erstaunlich ähnlich), das von allen Gläubigen seit Karfreitag immer wieder mit kniefälligen Verneigungen verehrt und dann geküßt wurde. Das auf dem Christusbild liegende Evangeliar wird vom ältesten Priester aufgenommen, das Linnen wird von den anderen Geistlichen – oder Gläubigen (ein Ehrendienst) – gehoben. Das Evangelium auf dem Haupt tragend, das Linnen wie einen Baldachin über sich, geht der älteste Geistliche mit den Konzelebranten feierlich in den Altarraum. Das Grabtuch Christi – die Plaschtschaniza – liegt von nun an bis zum Himmelfahrtstag auf dem Altartisch, mit dem die Heilige Eucharistie mit der Wandlung der Gaben von Brot und Wein gefeiert wird. Jetzt wird auch das »Grab« beseitigt. Ich habe mich in meiner Kindheit oft gewundert, mit welcher Brutalität das geschehen kann. Junge Leute, froh aus ihrer Andacht herauszukommen, brachen das »Grab« ungeduldig ab. Sie gingen damit sehr unsanft um, denn sie wußten: Er wird auferstehen. Die beiden Teile des »Grabes« bleiben dann in einer Ecke der Kirche stehen. Um zwölf Uhr tritt tiefe Stille ein, zart beginnen die Glocken zu läuten. Hinter den geschlossenen Pforten der Ikonostase tönt aus dem Altarraum der Gesang des Priesters und der Diakone: »Deine Auferstehung, Christus unser Heiland, verkünden die Engel im Himmel; gib uns, Herr, auf Erden Dich reinen Herzens zu rühmen.«

Die Spannung steigt. Da öffnet sich weit die Zarenpforte. Der Priester, die Diakone und die Ministranten treten in den Kirchenraum, und es formiert sich die große Prozession. Wir zünden unsere Kerzen an.

Mit dem Auszug aus der Kirche beginnt die Prozession. Ikonen auf langen Stäben und Kirchenfahnen werden herausgetragen, und man zieht dreimal um die Kirche. Ständig läuten die Glocken, und wir stimmen mit allen in den Gesang ein »Deine Auferstehung, Christus unser Heiland, verkünden die Engel im Himmel...« Spannung und Freude steigen, Glockengeläut und Gesang fließen ineinander über.

Der Priester hält vor der verschlossenen Kirchenpforte an. Er nimmt das Altarkreuz und klopft damit – ein Kreuz schlagend – an die Kirchenpforte: »Gesegnet sei Gott« sind seine Worte.

Endlich erschallt sein befreiender Ausruf: »Christós woskrése« (Christus ist auferstanden). Wie eine himmlische Freude geht es auf die Menschen über. Alle rufen, so laut sie vermögen: »Woístinu woskrése« (Er ist wahrhaftig auferstanden). Und wieder: Christós woskrése – Woístinu woskrése. Und ein drittes Mal: Christós woskrése – Woístinu woskrése.

Nun dröhnen die Glocken, es ist wie das Rauschen von Tausenden von Engelsflügeln. Alle Menschen stimmen den jubelnden Gesang an: »Christus erstand von den Toten. Durch den Tod zertrat Er den Tod, und denen in den Gräbern schenkte Er das Leben.« Mit diesem Gesang gehen wir mit allen in die strahlende Kirche zurück.

Der Gesang schwillt an, der Chor nimmt die Worte auf, bis die Kirche erfüllt ist mit jubelndem Gesang. Mit seiner Botschaft hat der Priester von einer Kerze das Licht weitergegeben, alle Menschen tragen Kerzen in den Händen, und schon brennen alle, Hunderte von Kerzen flackern und lassen die Ikonen aufleuchten.

Die Menschen erleben bildhaft das große Ereignis, daß Er, welcher den Kreuzestod erlitten, nun wahrhaft auferstanden ist und den Tod besiegt hat. Und dann küssen sie einander. Es ist eine absolute ehrliche Verbrüderung. In dieser Zeit gibt es keinen, den man haßt oder den man nicht mag. Plötzlich wundert man sich, daß man jemand küßt, mit dem man verfeindet war. Und man fragt sich: Wie ist das möglich? Alle niedrigen, kränkenden, peinigenden Gefühle sind einem genommen, man fühlt nur Freude und Begeisterung.

Das erlebt der östliche Christ jedes Jahr von neuem, und jedes Jahr ist es nicht etwas, das weit in der Vergangenheit zurückliegt, das in alten Büchern beschrieben wurde, sondern es geschieht jetzt und heute. Das ist eine Fähigkeit, die wirklich außerordentlich ist und die die Menschen beglückt. Die Gegenwart Christi, die Gegenwart göttlicher Kräfte wird in der heiligen Ikone empfunden. In der fühlbaren Nähe Gottes weiß sich der Mensch geborgen. Eingebunden in den Kosmos als Ganzheit wird sich auch das eigene Schicksal nach dem Willen Gottes fügen und erfüllen.

Kennzeichnend für diese demütige Haltung ist das Gebet der letzten Starzen von Optina Pustyn bei Kaluga, jenem Kloster, in dem so berühmte Starzen wie Makari oder Amurosi lebten. Fjodor Dostojewski hat sie in der Gestalt des Sosima verewigt. Sie sprachen es, als sie in den zwanziger Jahren unseres Jahrhunderts vertrieben wurden und dem Tod entgegensahen:

»Herr, laß mich mit seelischem Gleichmut allem, was der kommende Tag mir bringt, begegnen.

Gib mir die Kraft, mich ganz Deinem heiligen Willen zu beugen. Belehre und festige mich jede Stunde des Tages.

Welche Nachrichten mich auch im Laufe des Tages überraschen mögen, lehre mich, sie mit Gleichmut und in der Überzeugung, daß Dein heiliger Wille sie mir gesandt hat, zu ertragen.

Lenke meine Gedanken, Gefühle, Worte und Taten.

Lehre mich vernünftig, überlegt, gerade und aufrichtig und ohne jemand zu kränken, mit meinen Brüdern und Schwestern umzugehen. Herr gib mir die Kraft, die Bürden des Tages und alle Ereignisse würdig zu tragen.

Lenke Du meinen Willen und lehre mich, recht zu beten, zu glauben, zu hoffen, zu dulden, zu vergeben und zu lieben.

Amen.«

WOLFGANG KASACK

Russische Geistigkeit im deutschen Raum – die Ikone bei Wladimir Lindenberg

Eine der gewaltigsten Stellen im sechsten Band der Autobiographie des russischen Berliner Arztes Wladimir Lindenberg »Himmel in der Hölle« ist die Darstellung dessen, wie er, den Folterknechten Hitlers ausgeliefert, wochenlange Dunkel-Einzelhaft übersteht. Er übersteht sie nicht nur, er verläßt sie sogar geistig gestärkt. Er konnte die Zeit in Meditation und Gebet verbringen, konnte sich imaginär in alle Räume versetzen, die ihm in seiner Kindheit nahe gewesen waren, die ihn innerlich in den Jahren bis zum Konzentrationslager mit der Heimat verbunden hatten. Diese Verbindung ist geblieben. Nach dem Krieg hat Wladimir Lindenberg angefangen, seine inzwischen 32 Bücher zu schreiben[1], in denen – wenn wir von den frühen, rein medizinischen absehen – immer etwas von seiner russischen Welt zu uns getragen wird: von der russischen Orthodoxie mit ihrer unverbrüchlich lebendigen Engels- und Ikonenwelt und von der russischen Geschichte. So sind dem Leser seiner Werke die Stellen vertraut, an die er sich in jener Dunkelhaft 1936 versetzte.[2] Es ist das Schlößchen »Eremitage« bei Rybinsk, von seinem Urahn Iwan Petrowitsch Tschelischtschew Mitte des 18. Jahrhunderts im Stil von Schloß Sanssouci als Meditationszentrum der russischen Rosenkreuzer erbaut, es ist der riesige, jahrhundertealte Stammsitz der Tschelischtschews »Krasnoje Selo« im Kreis Kosjolsk (Gouvernement Kaluga), der in seinem Beisein 1917, von den Revolutionären angezündet, in Flammen aufging, die den Großvater, den General Sergej Michajlowitsch Tschelischtschew (1850–1917), mit verschlangen, es ist das »Weiße Haus«, eine Villa in Girejewo, einem ehemaligen Tatarendorf vor Moskau, wo er seine Kindheit bei der geliebten Mutter und dem gefürchteten Stiefvater Lindenberg verbrachte, es ist das »Rote Haus«, eine Mietskaserne in Moskau, wo sie Hunger, Verarmung und Lebensgefahr (der ehemalige Kutscher als Rotarmist rettete den fünfzehnjährigen »Bobik« vor der Erschießung) als Adlige im Chaos der proletarischen Revolution erlitten, es sind die Menschen, die Räume, die Gegenstände: auch die Ikonen.
In der Dunkelhaftszene des Buches, das manchem jungen Menschen ein richtiges und gutes Bild einer inneren Emigration mit einer festen antinationalsozialistischen Haltung 1933–1945 verschaffen oder einem älteren, der die Zeit durchlebte, neue Einblicke geben kann, erwähnt er »eine kleine, ganz geschwärzte Ikone der Muttergottes«, die er beim Brand 1917 aus der Kirche zusammen mit dem Wojewodenstab und einem Ring aus uraltem Familienbesitz gerettet hatte.[3] Der Stab hatte seinem Vorfahren Michail Andrejewitsch Tschelischtschew-Brenko gehört, der durch das Opfer seines Lebens 1380 entscheidend zum Sieg Dmitrij Donskojs über die Tataren beitrug, den Ring hatte ein ande-

rer Vorfahr, Fürst Michail Wsewolodowitsch von Tschernigow, 1246 getragen, als ihn die Tataren lebendig verbrannten.[4] Da wird nicht nur eine russische Familientradition verdeutlicht, um die das Wissen seit 1917 immer mehr verlorengeht, sondern da wird auch lebendig, wie solche familiär-historischen und religiösen Wurzeln zur wahren Kraft werden. Es dürften wenige Menschen sein, die solche Dunkelhaft heil überstanden haben. Bei der »kleinen, ganz geschwärzten Ikone der Muttergottes« handelt es sich um eine »Muttergottes von Wladimir«, eine »Gottesmutter des Erbarmens«, bei der die Gottesmutter den geneigten Kopf an das Kind schmiegt, das hilfesuchend zu ihr aufschaut. Das Urbild der Muttergottes von Wladimir kam zwischen 1120 und 1130 von Konstantinopel nach Kiew und 1155 in jenen Ort, der heute Wladimir heißt. Die entsprechende alte Ikone aus dem Tschelischtschew-Familienbesitz hat Wladimir Lindenberg, als er unter diesem Namen im Frühsommer 1918 nach Remscheid emigrieren konnte, mitgenommen.[5]

In »Bobik in der Fremde« (1971), dem vierten Band seiner Autobiographie, veranschaulicht er zweimal, was diese Ikone hier für ihn bedeutet (die Autobiographie ist in der Er-Form geschrieben): »Er tastete mit der rechten Hand nach ihr, zog sie an sich heran und legte die Stirn darauf. Die Ikone war kühl, sie roch dumpf nach altem Holz und nach Weihrauch, der sich jahrhundertelang auf ihr abgesetzt und sie dunkel gemacht hatte. Dieser vertraute Geruch nach Kirche und Hausaltar versetzte ihn sofort in seine Heimat.«[6] In gleicher Weise half ihm diese Ikone über die Einsamkeit als achtzehnjähriger Student in Bonn hinweg. »Über das (gestickte russische, von seiner Patentante, der Schwester der Zarin, stammende) Handtuch hängte er die alte Tschelischtschewsche Ikone der Muttergottes und das alte Kreuz von 1380, mit dem der heilige Sergius von Radonesch seinen Ahnen Brenko gesegnet hatte. So, nun war die Kontinuität mit seiner Heimat und mit seiner Familie wieder hergestellt, hier in der Dürftigkeit, in der Fremde.«[7]

Die Kontinuität über Jahrhunderte ist nicht nur Erinnerung, sie ist auch täglich gelebte Gegenwart. In demselben Buch berichtet Wladimir Lindenberg von sich, dem »Bobik«: »Auch in der Fremde und ohne Anleitung des Vaters hatte Bobik nie aufgehört, sich geistigen Exerzitien zu unterziehen. Jeden Morgen und jeden Abend verharrte er eine Weile, auf den Knien liegend, in der Position der indischen Yogamudra oder, wie er es von seiner Njanja gelernt hatte, im Gebet. Er befahl sich, sein Denken und Handeln in die Hände Christi, der Muttergottes und der Heiligen, besonders seines Ahnen und Namensgebers, des heiligen Großfürsten Wladimir...«[8] Das Gebet zur Muttergottes vor ihrer Ikone und zu den christlichen Heiligen ordnet sich bei Lindenberg in eine Befassung mit den Religionen der Welt ein. Seine Bücher »Die Menschheit betet« (1956) oder »Riten und Stufen der Einweihung« (1978) bieten großartige Vergegenwärtigungen der verschiedenen Wege zur geistigen Welt. Aus dieser toleranten Selbstverständlichkeit ist in sein Gebet vor der Ikone eine der Yogahaltungen einbezogen.

In Bonn, Anfang der zwanziger Jahre, worauf sich die beiden Zitate beziehen, hat Lindenberg angefangen, auch als bildender Künstler tätig zu sein. »Am liebsten hätte er, wie die Malermönche in den Klöstern, Ikonen gemalt. Er hatte sich viel mit der Geschichte und der Kunst der Ikonenmalerei befaßt. Aber es schien ihm vermessen, sein Zimmer

ganz mit sakralen Dingen zu schmücken.« So beschloß er, die »alte Tradition der byzantinischen Bildwirkerei in veränderter, moderner Form, aber aus dem alten Geist aufzunehmen«.[9] In zwei anderen Büchern geht Lindenberg ausführlich auf Ikonen und ihre Herstellung ein. Sie ist den Mönchen vorbehalten, und unter diesen nur auserwählten. In »Die Menschheit betet« zitiert Lindenberg alte Anweisungen vom Berg Athos und aus dem russischen »Stoglaw«, die den Schwerpunkt auf die geistige Zurüstung – in Fasten, Demut, Schweigen, Gebet – legen. Er sagt von sich aus: »Jeder Handgriff, das Bereiten des Holzes, das Anrühren der Farben, das Auflegen des Goldgrundes sind vorgeschriebene, sakrale Handlungen.«[10] Nicht oft genug kann dem westeuropäischen Betrachter bewußt gemacht werden: »Es handelt sich nicht um Kunstwerke im abendländischen Sinn. Wenn es Kunstwerke sind, dann doch darum, weil die Heiligkeit, die Beschaulichkeit, die Demut und die strenge handwerkliche Kunst des schaffenden Mönchs das Werk zu einem Kunstwerk machen.«[11] Wenn Lindenberg über die Ikone als sakralen Gegenstand schreibt, der »in der Mitte des Lebens des Ostchristen« steht, dann gewinnt dies seine Überzeugungskraft daraus, daß er diese Wahrheit selbst lebt.
In Bonn nun »zog es ihn nach Hause zu seiner Bildwirkerei. Sein erstes Bild war die Darstellung des Heiligen Abendmahls«.[12] »Die Verknüpfung des stillen besinnlichen Aneinanderreihens von farbigen Fäden, die sich zu Flächen ausbreiten, mit den immer sich vertiefenden, hin und her gehenden Gedanken« erfüllten ihn ganz von innen her. »Er war wie ein Malermönch in einem entlegenen Kloster.«[13]
Dieser Umsetzung des Wissens um das Malen von Ikonen in eigene schöpferische Tätigkeit war das Erleben anderer Kunst, die aus gleichem Geist geschaffen war, vorausgegangen. Lindenberg war in außerordentlich wohlsituierten Verhältnissen großgeworden. Seine Mutter hatte sich von seinem Vater Alexander Tschelischtschew noch vor der Geburt (16.5.1902) getrennt und den deutschen Großindustriellen Carl Lindenberg geheiratet. Im Sommer 1913 reiste sie mit dem Elfjährigen nach China und Japan. In »Bobik begegnet der Welt« (1969) schildert Lindenberg sein China-Erlebnis. Sie sind Gäste bei den Eltern eines Studenten Li, der – von Andrej Belyi, dem anthroposophischen Symbolisten, empfohlen – bei ihnen häufiger Gast im Weißen Haus gewesen war. Bobik staunte, daß Chinesen ihre Ahnen nicht nur wie über ein Jahrtausend, sondern über mehr als dreitausend Jahre zurückverfolgen konnten. Vor einem den kleinen Bobik fesselnden Bild sagte Li: »Du wirst doch nicht glauben, daß solch ein Bild nur ein Stück Papier und darübergemalte Tusche ist? Der Maler sammelt sich, ehe er es malt, er konzentriert seine geistigen Kräfte darauf, er meditiert und ruft die Geister seiner Ahnen und die Götter herbei, ihm bei diesem Tun zu helfen, und was dann entsteht, ist ein Lebendiges, ein Beseeltes, ein von sich aus Weiterwirkendes. Das ist das Geheimnis der Kunst.«[14] Als Li dann von einigen ungewöhnlichen Wirkungen, die von Bildern im Laufe der Geschichte ausgegangen waren, spricht, kommt in Bobik erst Unglauben und Mißtrauen auf, aber dann »regten sich altbekannte Bilder in seiner Seele von der Wundertätigkeit der heiligen Ikonen, von der inneren Freude und Sammlung der Mönche, die sie gemalt hatten«.[15]
Dem chinesischen Erlebnis entsprach ein römisches bei einer Westeuropareise kurz vor dem Ersten Weltkrieg, die ihn auch nach Deutschland und nach Frankreich zur Urgroß-

mutter, einer Tochter des Religionsphilosophen Chomjakow, geführt hat (wo er erstmals das beglückende Heimatgefühl angesichts der Ikonen ihres Hausaltars im Ausland erfuhr).[16] In Rom begegnete er den »farbigen Fresken aus der frühchristlichen Zeit«. Hier ist die Verbindung unmittelbar, ihm »waren alle diese Symbole aus der Welt der Ikonen vertraut«, er spürte, »in welcher Freude und Himmelsnähe die Christen jener Zeit gelebt haben mußten«.[17]

Nicht nur Bildteppiche hat Lindenberg aus diesem geistig-religiösen Kunstempfinden heraus geschaffen. Er hat auch selbst Fresken gemalt. In der Nazizeit hatte er sich im Ahrtal bis zur Verhaftung 1936 eine Zuflucht geschaffen und selbst ausgemalt. Er malte einen auferstandenen Christus, jenen Christus, der dem orthodoxen Christen soviel näher ist als der Gekreuzigte[18], das zentrale Symbol der katholischen und evangelischen Kirche. Beim Malen »war er mit seinem Geiste in die fernen Zeiten entrückt gewesen, in denen jenes gewaltige Mysterium sich vollzog«.[19]

Die Ikone ist Bestandteil dieses Sehens. Als Kind betete Lindenberg mit seiner Amme, der »Njanja«, deren Vorfahren schon Ammen bei früheren Generationen der Tschelischtschews gewesen waren, vor den häuslichen Ikonen, dem Hausaltar im Weißen Haus. Als Junge entdeckte er im benachbarten Anwesen des Kosaken-Obersten Torlezkij, des geliebten »Onkel Iwan«, in einem viele hundert Jahre alten Turm einen großen Bestand an alten Ikonen, die er sich dann in sein nach dem Chinaerlebnis geschaffenes Meditationszimmer rettete.[20] Als Dreizehnjähriger wohnte er in den Gemächern seines Rosenkreuzerahnen Iwan Petrowitsch, die seit dessen Tod 1779 unverändert geblieben waren, und kniete vor dessen Ikonen. Natürlich hing dort auch »Bobiks geliebte Ikone der Muttergottes von Wladimir«, bei vielen anderen Ikonen rief das Entziffern der kirchenslavischen Inschriften ein Erlebnis hervor, das kein westlicher Betrachter von Ikonen haben kann: »das alles waren seine und Iwan Petrowitschs Ahnen, die Rurikfürsten, die einen gewaltsamen Tod seitens ihrer Brüder oder Onkel oder durch die Tataren erlitten hatten«.[21] Die Tschelischtschews waren über die Enkelin des Großfürsten von Moskau Iwan Kalita (1304–1341) mit dem Herrschergeschlecht verwandt. Neben Wladimir dem Heiligen († 1019) und dem heiligen Michail Wsewolodowitsch von Tschernigow († 1246), die schon erwähnt wurden, gibt es manche russische Heilige aus den miteinander verwandten Fürstengeschlechtern wie Boris und Gleb. Ahnenbewußtsein und Heiligenkult fallen bei den Nachfahren zusammen.

Zu den erschütterndsten Szenen der sechsbändigen Autobiographie gehört der Abschied des Sechzehnjährigen vom Vater im Kreml. Die Einäscherung des Stammsitzes 1917 hatten die Tschelischtschews in ihrer schicksalsträchtigen Bedeutung erkannt. Der Vater gab sich keiner Täuschung hin, daß der gewaltsame Umsturz der Bolschewiken und die Ermordung der Zarenfamilie einen Schlußstrich unter die jahrhundertealte Tradition seines Volkes und seiner Familie setzte. So ging er, als sein Sohn gerade noch der Hinrichtung entgangen war, mit ihm, in Bauernpelze verkleidet, in den Kreml, betete vor der Muttergottesikone von Wladimir in der Uspenskij Kathedrale, um von ihr, »der Mutter der russischen Erde, Abschied zu nehmen. (...) Seit achthundert Jahren hatten seine Ahnen und Verwandten und Millionen von Russen vor diesem wundertätigen Heilig-

tum gekniet.«[22] Beim Sarg des Dmitrij Donskoj, dem Michail Andrejewitsch Tschelischtschew-Brenko 1380 das Leben gerettet hatte, hing der Vater seinem Sohn »ein kleines kupfernes Kreuz« um, »dasjenige, mit dem der Heilige Sergius von Radonesch 1380 den Wojewoden Michail Brenko gesegnet hatte«.[23] So war dieses Kreuz über Generationen vom Vater dem Sohn gereicht worden, wenn er an der Schwelle zum Erwachsensein stand. 1918 wußten die beiden, daß sie sich nicht wiedersehen würden.
Wladimir Lindenbergs Vater floh in die Ukraine und starb 1921 nach längerer Haft bei den Bolschewiken. Er selbst konnte mit seinem Stiefvater 1918 emigrieren, seine Mutter folgte im April 1919 in die Emigration. Seitdem er in Deutschland eingetroffen war, wurden Ikonen – mitgebrachte, gekaufte und geschenkte – zu seinem ständigen Begleiter. Enttäuscht erfuhr er, wie die Kunsthistoriker Ikonen lediglich ästhetisch erlebten, wußte nicht, daß russische Gelehrte mit der Entdeckung der Ikone als Kunstwerk zu Beginn des Jahrhunderts zugleich einer solchen glaubenslosen und glaubensarmen Sicht den Weg geebnet hatten. Ihm waren Ikonen immer ein Fenster zur geistigen Welt – nach beiden Seiten offen: der Heilige, die Engel, die Gottesmutter, Christus hatten über ihr Abbild Zutritt zu ihm, hatten Eingang in sein Leben, er – der Schüler, der Student, der Bonner Klinikarzt, der Schiffsarzt, der »Vater der Hirnverletzten« in Bonn und Berlin, der berühmte Autor, Vortragende und Seelenarzt – hatte über die Ikone und das damit verbundene Gebet Zugang zur »Anderwelt«, wie Lindenberg die geistige Welt gern nennt. Ikonen waren für den seiner Heimat beraubten Russen aber noch etwas anderes, sie waren eine Brücke in sein Rußland, das »alte Rußland«, das heilige, wo er seine Kindheit verbracht hat. Ihm waren die Ikonen eine Brücke zu den Ahnen seines Adelsgeschlechts, die seinen wahren Namen – Tschelischtschew – über Jahrhunderte hinweg getragen und vor diesen Ikonen gebetet hatten.
Die Verfolgung der Kirche durch das atheistische sowjetische System hat nicht nur zur massenweisen Vernichtung von Kirchen und Ikonen geführt, sie hatte auch zur Folge, daß weltweit Ikonen als »Kunst des alten Rußland« angesehen werden. Das sind sie nicht. Von der russisch-orthodoxen Kirche im Ausland, die die Tradition der russischen Orthodoxie seit der bolschewistischen Machtergreifung fortsetzt, werden Ikonen auch heute noch gemalt – in der alten Tradition, aber aus dem religiösen Verständnis des 20. Jahrhunderts. In Frankfurt und Wiesbaden z. B. sind heute Ikonenmaler tätig, die aus jenem religiösen Geist heraus schaffen, den auch Wladimir Lindenberg geschildert hat. In der Sowjetunion kann Ähnliches höchstens im Verborgenen geschehen.
Wladimir Lindenberg gehört zur russischen-orthodoxen Kirche, aber sein religiöses Verständnis ist außerordentlich weit und tolerant. Als Fünfzehnjähriger wurde er von seinem Vater und einem alten Meister in die Lehren und Praktiken der Rosenkreuzer eingeführt. Er ist tief in die Yogalehre eingedrungen und hat ein eigenes Buch darüber verfaßt. Er ist der Anthroposophie gegenüber ebenso aufgeschlossen wie dem Buddhismus, dem Hinduismus, dem religiösen Verständnis der Indianer, der Afrikaner oder der Druiden. Für ihn besteht – auch aus eigener Erfahrung – kein Zweifel an den wiederholten Erdenleben des Menschen, so wie auch Rudolf Steiner dieses Wissen mit dem Christentum verband. In seinem undogmatischen östlichen Christentum nimmt die russische Ikone einen festen

Platz ein: geschaffen unter göttlicher Inspiration, ist sie ihm Zeichen der Anwesenheit von »Gottes Boten unter uns« (so einer seiner Buchtitel), ist ihm Brücke zwischen jenen Helfern und uns Hilfsbedürftigen, ist ihm russischer Urgrund, auf dem sein Leben gründet, und – durch das eigene Gebet – eine Quelle der göttlichen Kraft.

Wladimir Lindenberg erinnert: »Der noch naturgebundene östliche Mensch erlebt die diesseitige sowie die geistige Welt mit den Sinnen. Wenn er den kirchlichen Raum betritt, betritt er damit den Vorraum zum Paradies.«[24] Es ist sein großes Verdienst, daß er diese mit eigenen Sinnen erlebte Wirklichkeit in Sprache umgesetzt hat – als Russe in unsere deutsche Sprache – und sie uns vermittelt. Sie enthält Gültiges, dessen wir in der Gegenwart bedürfen.[25]

ANMERKUNGEN

1 Neun davon gehören in den medizinischen (Hirnverletzte) und ärztlich-ethischen Bereich wie »Briefe an eine Krankenschwester«, München: Ernst Reinhardt 1962 oder »Schicksalsgefährte sein«, ebd. 1964. Da das Verzeichnis auch in Kürschners Literaturlexikon fehlerhaft ist, seien die übrigen Werke hier vollständig chronologisch aufgeführt.
Die Unvollendeten, Hamburg: Dulk 1948, Neuauflage u.d.T. Frühvollendete, München: Ernst Reinhardt 1966; Die Menschheit betet, München: Ernst Reinhardt 1956; Training der positiven Lebenskräfte. Büdingen-Geltenbach: Lebensweiser Verlag 1957; Mysterium der Begegnung, München: Ernst Reinhardt 1959; Yoga mit den Augen eines Arztes, Berlin: Richard Schikowski 1960; Marionetten in Gottes Hand, München: Ernst Reinhardt 1961; Bobik im Feuerofen, ebd. 1964; Gottes Boten unter uns, ebd. 1967; Das Yoga-Bilderbuch, Berlin: Richard Schikowski 1967; Bobik begegnet der Welt, München: Ernst Reinhardt 1969; Jenseits der Fünfzig, ebd. 1970; Bobik in der Fremde, ebd. 1971; Über die Schwelle, ebd. 1972: Wolodja, ebd. 1973; Geheimnisvolle Kräfte um uns, ebd. 1974; Tag um Tag ist guter Tag, ebd. 1976; Reise nach Innen, Salzburg: Alfred Winter 1976 (Auszug aus: Bobik begegnet der Welt); Riten und Stufen der Einweihung, Freiburg: Aurum 1978; Mit Freude leben, München: Ernst Reinhardt 1979; Zu Gast bei Wladimir Lindenberg, ebd. 1981; Aus einem erfüllten Leben [Auswahl von Zitaten und Fotos von G. Peters] ebd. 1982; Der unversiegbare Strom, Freiburg: Herder 1982; Himmel in der Hölle, München: Ernst Reinhardt 1983; Lob der Gelassenheit, Freiburg: Herder 1984; Tri doma. Avtobiografija 1912–1918, napisannaja v 1920 godu. [Die drei Häuser. Autobiographie 1912–1918, geschrieben 1920. Edition und Nachwort von Wolfgang Kasack, russ.] München: Otto Sagner 1985. 96 S., 16 Abb.
2 *W. Lindenberg*, Himmel in der Hölle, 1983, S. 125.
3 Ebd.
4 Dieser Michail von Tschernigow wurde heiliggesprochen, vgl. u. a. *Ernst Benz*, Russische Heiligenlegenden, Zürich 1953, S. 248.
5 Die Abbildung bei *W. Lindenberg*, Die Menschheit betet, 1956, S. 152, ist ein Ausschnitt aus der Originalikone, die jetzt in der Tretjakow-Galerie hängt. In diesem Buch ist eine Abbildung der Gottesmutter von Wladimir auf S. 47, vgl. Kurt Onasch, Ikonen, Berlin: Union Verlag 1961, S. 341 f.
6 *W. Lindenberg*, Bobik in der Fremde, 1971, S. 32.
7 Ebd. S. 129.
8 Ebd. S. 328.
9 Ebd. S. 131.
10 *W. Lindenberg*, Die Menschheit betet, 1956, S. 161.
11 Ebd.
12 *W. Lindenberg*, Bobik in der Fremde, 1971, S. 132.

13 Ebd. S. 135. und S. 136.
14 *W. Lindenberg*, Bobik begegnet der Welt, 1969, S. 89.
15 Ebd. S. 90.
16 Ebd. S. 214.
17 Ebd. S. 209.
18 Vgl. *W. Lindenberg*, Die Menschheit betet, 1956, S. 159.
19 *W. Lindenberg*, Himmel in der Hölle, 1983, S. 87.
20 *W. Lindenberg*, Marionetten in Gottes Hand, 1961, S. 183.
21 *W. Lindenberg*, Bobik begegnet der Welt, 1969, S. 283 f.
22 *W. Lindenberg*, Bobik im Feuerofen, 1964, S. 260.
23 Ebd.
24 *W. Lindenberg*, Die Menschheit betet, 1956, S. 160.
25 Vgl. *Wolfgang Kasack*, Schicksal und Gestaltung. Leben und Werk Wladimir Lindenbergs, München – Basel: Ernst Reinhardt 1987, 302 S.

ZU DEN ABBILDUNGEN

Ikonenmuseum Recklinghausen: 1, 2, 3, 4, 5, 6, 7, 8, 9, 10; Privatbesitz: 11, 12, 13, 14, 15, 16
(Fotos: W. Krafft, Stuttgart)